财务管理与会计实务研究

喻海荣　董　影　苏海洋 ◎ 著

吉林出版集团股份有限公司

全国百佳图书出版单位

图书在版编目（CIP）数据

财务管理与会计实务研究 / 喻海荣, 董影, 苏海洋

著. -- 长春: 吉林出版集团股份有限公司, 2023.3

ISBN 978-7-5731-2571-2

Ⅰ.①财… Ⅱ.①喻…②董…③苏… Ⅲ.①财务管

理②会计实务 Ⅳ.①F275②F233

中国国家版本馆CIP数据核字(2023)第049219号

财务管理与会计实务研究
CAIWU GUANLI YU KUAIJI SHIWU YANJIU

著　　者	喻海荣　董　影　苏海洋
出 版 人	吴　强
责任编辑	张西琳
助理编辑	李　响
装帧设计	北京万瑞铭图文化传媒有限公司
开　　本	787mm×1092mm　1/16
印　　张	13
字　　数	205千字
版　　次	2023年3月第1版
印　　次	2023年8月第1次印刷
出　　版	吉林出版集团股份有限公司
发　　行	吉林音像出版社有限责任公司
	（吉林省长春市南关区福祉大路5788号）
电　　话	0431-81629667
印　　刷	吉林省信诚印刷有限公司

ISBN 978-7-5731-2571-2　　定　价　68.00元

如发现印装质量问题，影响阅读，请与出版社联系调换。

前　言

随着市场经济的不断发展，企业财务会计管理模式也需要进行不断地调整，其中，企业财务管理机制是重点，探索现代企业财务会计管理模式是为了适应改革开放以后，市场经济条件下我国企业制度的发展；是为了充分体现政企分开、产权明晰、权责明确的现代企业特点。

现代企业应该有一定的自主性，享受相应的经济权益并承担一定的经济责任。由于现代企业经营范围广、分支机构多、物资流量和资金流量大，企业在经营中还应适当划分各级管理权限，以资本增值最大化为目标，为股东或投资者谋求最大的回报。随着市场经济的发展，对于一个企业集团来说，一个成功的财务会计管理模式对于企业管理层及时取得真实可靠的财务信息，分析预测企业经济前景，并做出正确的决策有着举足轻重的意义和不可忽视的影响力。随着企业集团的运作日趋国际化，各国都纷纷对企业集团的财务会计管理模式做出创新，企业集团财务会计管理模式逐渐向着多元化、集团化发展，日益呈现大规模、跨国化、跨行业的经营趋势。

在写作过程中参考、吸收了不少学者、专家的观点和成果，得到了同人们的热心帮助，在此对为研究工作提供过帮助的企业及相关人士，一并致以谢意。

由于笔者学术水平有限，书中难免存在诸多不足，恳请各位读者提出宝贵的意见，以便今后不断完善。

目　录

第一章 财务管理概述

第一节 财务管理的对象

企业财务是指企业在生产经营过程中客观存在的资金运动及其所体现的经济利益关系。前者称为财务活动（表明了企业财务的内容和形式特征），后者称为财务关系（揭示了企业财务的实质）。财务并非简单的资金收付活动，其实质是企业财务关系的体现。

财务管理是企业组织财务活动、处理财务关系的一项综合性管理工作。

财务管理主要是资金管理，其对象是资金及其流转。资金流转的起点和终点是现金，其他资产都是现金在流转中的转化形式，因此，财务管理的对象也可说是现金及其流转。财务管理也会涉及成本、收入和利润问题。从财务的观点来看，成本和费用是现金的耗费，收入和利润是现金的来源。财务管理主要在这种意义上研究成本和收入，而不同于一般意义上的成本管理和销售管理，也不同于计量收入、成本和利润的会计工作。

一、现金流转的概念

在建立一个新企业时，必须先要解决两个问题：一是制订规划，明确经营的项目和规模，二是筹集必需的现金，作为最初的资本。没有现金，企业的规模无法实施，不能开始运营。企业建立后，现金变为经营用的各种资产，在运营中又陆续变为现金。

在生产经营中，现金变为非现金资产，非现金资产又变为现金，这种流转过程称为现金流转。这种流转无始无终，不断循环，称为现金循环或资金循环。

现金循环有多种途径。例如，有的现金用于买原材料，原材料经过加工成为产成品，产成品出售后又变为现金，有的现金用于购买固定资产，如机器等，在使用中逐渐磨损，价值计入产品成本，通过产品销售变为现金。各种流转途径完成一次循环，即从现金开始又回到现金所需的时间不同。购买商品的现金可能几天就可流回，购买机器的现金可能要许多年才能全部返回现金状态。

现金转变为非现金资产，然后又回复到现金，所需时间不超过一年的流转，称为现金的短期循环。短期循环中的资产是短期资产，包括现金本身和企业正常经营周期内可以完全转变为现金的存货、应收账款、短期投资及某些待摊和预付费用等。

现金转变为非现金资产，然后又回复到现金，所需时间在一年以上的流转，称为现金的长期循环。长期循环中的非现金资产是长期资产，包括固定资产、长期投资、无形资产等。

二、现金的短期循环

现金短期循环最基本的形式是：筹备货币—购买物资—生产产品—销售商品—货币收入。

在供应过程中，企业以现金购买劳动对象，形成生产储备，企业的资金由货币形态转化为原材料储备形态。接着，进入生产过程。在生产过程中，工人利用劳动资料对劳动对象进行加工，使劳动对象发生形态或性质上的变化，创造出新的产品。在这一阶段中，利用生产储备，同时以货币资金支付工资和其他生产费用，企业的资金由材料储备形态、货币形态转化为生产（在制品、半成品）形态。随着生产的继续进行，在制品、半成品最终转化为完工产品，从而脱离生产过程而成为入库待售的制成品，于是企业的资金由生产形态转化为产品形态。最后，产品通过销售，企业资金由产品形态又转化为货币形态。

企业的资金像这样从货币形态开始，顺次经过供、产、销三个连续的阶段，最后又回到原来的出发点，就是资金的循环。资本的循环，不是当作孤立的行为，而是当作周期性的过程时，叫作资本的周转。所以，不是一次而是不断重复的循环，就是资金的周转，总称为资金的循环和周转。

三、现金的长期循环

企业用现金购买固定资产，固定资产的价值在使用中逐步减少，减少的价值称为折旧费。折旧费和人工费、材料费成为产品成本，出售产品时收回现金。作为固定资金实物形态的劳动资料可以在生产中较长期地发挥作用，其价值逐渐地、分次地转移到所生产的产品中，参加流动资金的部分周转过程，共同构成在制品、半成品资金和产品资金的占用形态，随着产品的销售实现为货币形态，直至它不能继续使用，再对它进行实物更新，于是资金又由货币形式还原为实物形式，完成一个固定的循环，同时开始另一个周期的循环，如此周而复始。可见，固定资金的循环之所以不同于流动资金，循环周期较长，这一特征是由价值转移的方式不同所引起的。

现金是长期循环和短期循环的共同起点，在换取非现金资产时分开，分别转化为各种长期资产和短期资产。它们被使用时，分别进入"在产品"和各种费用账户，又汇合在一起，同步形成"产成品"，产品经出售又同步转化为现金。

转化为现金以后，不管它们原来是短期循环还是长期循环，企业可以视需要重新分配。折旧形成的现金可以买材料，原来用于短期循环的现金收回后也可以投资于固定资产。

四、现金流转不平衡

如果企业的现金流出量与流入量相等，财务管理工作将大大简化。实际上这种情况极少出现，不是收大于支，就是支大于收，企业在一年中会多次遇到现金流出与现金流入不平衡的情况。

现金流转不平衡既有企业内部的原因，如盈利、亏损或扩充等，也有企业外部的原因，如市场变化、经济兴衰和企业间竞争等。

（一）影响企业现金流转的外部原因

1. 经济的波动

一个企业的经济发展都会有波动，时快时慢。在经济收缩时，销售下降，进而生产和采购减少，整个短期循环中的现金流出减少了，企业有了过剩的现金。如果预知不景气的时间很长，推迟固定资产的重置，折旧积累的现金也会增加。这种财务状况给人以假象。随着销售额的进一步减少，大额的经营亏损很快会接踵而来，现金将被逐步销蚀掉。

当经济"热"起来时，现金需求迅速扩大，积存的过剩现金很快被用尽，不仅扩充存货需要大量投入现金，而且受繁荣时期乐观情绪的鼓舞，企业会对固定资产进行扩充性投资，并且往往要超过提取的折旧。此时，银行和其他贷款人大多也很乐观，愿意为盈利企业提供贷款，筹资不会太困难。但是，经济过热必然造成利率上升，过度扩充的企业背负巨大的利息负担，会首先受到经济收缩的打击。

2. 通货膨胀

通货膨胀会使企业遭遇现金短缺的困难。由于原料价格上升，保持存货所需的现金增加，人工和其他费用的现金支付增加，售价提高使应收账款占用的现金也增加。企业唯一的希望是利润也会增加，否则，现金会越来越紧张。

提高利润，不外乎是增收节支。增加收入，受到市场竞争的限制。企业若不降低成本，就难以应对通货膨胀造成的财务困难。通货膨胀造成的现金流转不平衡，不能靠短期借款解决，因其不是季节性临时现金短缺，而是现金购买力被永久地"蚕食"了。

3. 市场的季节性变化

通常来讲，企业的生产部门力求全年均衡生产，以充分利用设备和人工，但销售总会有季节性变化。因此，企业往往在销售淡季现金不足，销售旺季过后积存过剩现金。

企业的采购所需现金流出呈现季节性变化，尤其是以农产品为原料的企业更是如此。

集中采购而均匀耗用，使存货数具周期性变化，采购旺季有大量现金流出，而现金流入不能同步增加。

企业人工等费用的开支也会有季节性变化。有的企业集中在年终发放奖金，要用大量现金，有的企业利用节假日加班加点，要加倍付薪，有的企业使用季节性临时工，在此期间人工费大增。财务管理人员要对这些变化事先有所准备，并留有适当余地。

4. 竞争

竞争会对企业的现金流转产生不利影响。但是，竞争往往是被迫的，企业经营者不得不采取他们本来不想采取的方针。

价格竞争会使企业立即减少现金流入。在竞争中获胜的一方会通过多卖产品挽回其损失，实际是靠牺牲别的企业的利益加快自己的现金流转。失败的一方，不但蒙受价格下降的损失，还受到销量减少的打击，现金流转可能严重失衡。

广告竞争会立即增加企业的现金流出。最好的结果是通过广告促进销售，加速现金流回，但若竞争对手也作推销努力，企业广告也只能制止其销售额的下降。有时广告并不能完全阻止销售额下降，只是下降得少一些。

增加新产品或售后服务项目，用软办法竞争，也会使企业的现金流出增加。

（二）影响企业现金流转的内部原因

1.扩充企业的现金流转

任何要迅速扩大经营规模的企业，都会遇到相当严重的现金短缺情况。固定资产扩充、存货增加、应收账款增加、销售费用增加等，都会使现金流出扩大。

财务管理人员的任务不仅是维持当前经营的现金收支平衡，而且要设法满足企业扩大的现金需要，并且力求使企业扩充的现金需求不超过扩充后新的现金流入。

首先，应从企业内部寻找扩充项目所需现金，如出售短期证券、减少股利分配、加速收回应收账款等。其次，内部筹集的现金不能满足扩充需要时，可以从外部筹集。从外部筹集的现金，要承担资本成本，将来要还本付息、支付股利等，引起未来的现金流出。企业在借款时就要注意到，将来的还本付息的现金流出不要超过将来的现金流入。如果不是这样，就要借新债还旧债，利息负担会耗费掉扩建形成的现金流入，使项目在经济上失败。

2.盈利企业的现金流转

盈利企业，如不打算扩充规模，其现金流转一般比较顺畅。它的短期循环中的现金收支大体平衡，税后净利使企业现金多余出来，长期循环中的折旧、摊销等也会积存现金。

盈利企业也可能由于抽出过多现金而发生临时流转困难。例如，付出股利、偿还借款、更新设备等。此外，存货变质、财产失窃、坏账损失、出售固定资产损失等，会使企业失去现金，并引起流转的不平衡。

3.亏损企业的现金流转

从长期来看，亏损企业的现金流转是不可能维持的。从短期来看，分为两类：一类是亏损额小于折旧额的企业，在固定资产重置以前可以维持下去；另一类是亏损额大于折旧额的企业，如不从外部补充现金将很快破产。

亏损额小于折旧额的企业，虽然收入小于全部成本费用，但大于付现的成本费用，因为折旧和摊销费用不需要支付现金。因此，它们支付日常的开支通常并不困难，甚至还可能把部分补偿折旧费用的现金抽出来移作他用。然而，当计提折旧的固定资产需要重置的时候，灾难就来临了。积攒起来的现金，不足以重置固定资产，因为亏损时企业的收入是不能足额补偿全部资产价值的。

此时，企业应设法筹款，以购买设备使生产继续下去。这种办法只能解决一时的问题，它增加了以后年度的现金支出，会进一步增加企业的亏损。除非企业扭亏为盈，否则就会变为"亏损额大于折旧额"的企业，并很快破产。这类企业如不能在短期内扭亏为盈，还有一条出路，就是找一家对减低税负有兴趣的盈利企业，被其兼并，因为合并一个账面有亏损的企业，可以减少盈利企业的税负。

亏损额大于折旧额的企业，是濒临破产的企业。这类企业不能以高于付现成本的价格出售产品，更谈不上补偿非现金费用。这类企业必须不断向短期周转中补充现金，其数额等于现金亏空数。如果要重置固定资产，所需现金只能从外部筹措。一般说来，他们从外部寻找资金来源是很困难的。贷款人看不到偿还贷款的保障，是不会提供贷款的，所有者也不愿冒险投入更多的资金。因此，这类企业如不能在短期内扭亏为盈，不如尽早宣告倒闭。这类企业往往连被其他企业兼并，以减低兼并企业税负的价值也没有。兼并企业的目的是节税，以减少现金流出，如果被兼并的企业每年都需要注入现金，则有悖于兼并企业的初衷。

五、财务会计的相关概念

（一）财务

财务泛指财务活动和财务关系。前者指企业在生产过程中涉及资金的活动，表明财务的形式特征；后者指财务活动中企业和各方面的经济关系，揭示财务的内容本质。因此，概括说来，企业财务就是企业再生产过程中的资金运动，体现着企业和各方面的经济关系。财务不仅是国民经济各部门、各单位在物质资料再生产过程中客观存在的资金运动及资金运动过程中所体现的经济关系，更主要的是财产和债务，即资产和负债等。财务理论是指一套以原则为形式而进行的科学推理或对财务实践的科学总结而建立的系统化和理性化的概念体系。从揭示的内容看，财务理论的内容是对财务实践的理性认识。财务理论来源于财务实践，是人们在长期的财务实践活动中获得的从感性认识上升为理性认识的结果。从理论的结构看，财务理论是具有内在联系的各个要素之间排列组合起来的一个整体，即由基本理论方面的要素、实践运用方面的要素和预测发展方面的要素组成。从理论的形成看，它是财务实践的结果，又是研究者总结实践履行思想的结果，因此，财务理论反映了特定历史时代下研究者的认识水平。

（二）会计

认识会计的定义，首先必须弄清会计的本质。所谓会计的本质，是指从产生到发展进步的历史过程中，会计这一客观社会现象的内部联系，它由会计的内在矛盾构成，是会计这一事物比较深刻的一贯的和稳定的方面。从会计产生和发展的历史观察各个时代的会计，有着不同的反映和控制的具体内容，其发展水平以及所采用的方法也不同，也就是说，各个不同时代的会计，具有各个时代的特征；各个时代的会计特征，决定了各个不同时代会计的个性，会计的本质则是各个不同时代会计的共性。在人类社会中，由于存在着物质资源的有限性和社会需要的无限性之间的矛盾，客观上就要求节约使用经济资源和合理分配经济资源即资源的最优配置。尽管各个时代财务会计所追求的具体目的及其性质不同，但其共同点都是为了使资源配置最优。

会计是在社会生产实践中产生的。人们在进行生产的时候，对劳动耗费和劳动成果进行记录和计算，以获得关于生产过程和结果的经济信息，据以总结过去，了解现状和预测未来。会计就是适应这种需要而产生的。在人类社会的早期，会计只是生产职能的附带部分，单个商品生产者甚至只用头脑记账。当社会生产力发展到一定水平，出现了剩余产品、社会分工和私有制，特别是商品经济有了一定发展之后，会计才逐渐从生产职能的附带部分分离出来。经济活动的量化与软科学是相辅相成的。随着经济的发展，整个经济活动的过程、环节、要素包括的范围越来越广，这就意味着会计所要研究的内容即量化的内容随之扩大。从生产过程中物的要素的量化到人力与物力的量化结合，从微观主体量化到宏观主体量化，从现在要素的量化到将来事项的量化，人力资源、社会责任、未来事项及自然经济资源配置的综合效果，已成为会计研究的重要内容。会计作为一门软科学在现代社会中日益得到体现。

（三）经济

经济就是对物资的管理，是对人们生产、使用、处理、分配一切物资这一整体动态现象的总称。这一概念微观的是指一个家庭的家务管理，宏观的是指一个国家的经国济民。在这个整体中，包括人类的生产、储蓄、交换、分配的各项活动。生产是这一动态的基础，分配是这一动态的终点。新常态经济是与地区生产总值导向的旧经济形态与经济发展模式不同的新的经济形态与经济发展模式。

独立的市场主体是市场经济的基石，而企业是最主要的市场主体。在市场经济中，作为市场主体的企业生产什么、生产多少以及如何生产，是由市场需求的规模和结构决定的，企业要对市场供求、竞争和价格的变化做出灵活反应。市场机制要达到提高效率、优化资源配置的结果，必须具有一个完善的市场体系。完善的市场体系要求在市场中必须有足够多的买者和卖者以及他们之间的充分竞争，以避免产生买方或卖方的垄断现象，否则市场的资源配置功能的充分发挥就会受到限制。市场经济是以社会化大生产为基础的高度发达的商品经济。伴随着社会分工的深化和社会生产的增长，必然要求市场的扩大，从而要求各民族、各地区和各个国家连成一个相互依赖的有机整体，把分散的地方市场联合为统一的全国市场；把国内市场联合成为世界市场。在市场经济的运行过程中，如市场的准入、市场的交易、市场的竞争都必须由法律来规范、保证和约束，政府管理部门也要按照相应的法律、法规体系来协调与管理市场上各种经营活动。没有好的法治环境，市场主体的独立性、市场竞争的有效性、政府行为的规范性和市场秩序的有序性都将缺乏根本的保证。因此，从根本上讲，健全的法制是市场经济的内在要求。

六、财务会计的概念解读

（一）经济系统角度

经济系统是由相互联系和相互作用的若干经济元素结合成的，是具有特定功能的有机整体。广义的经济系统指物质生产系统和非物质生产系统中相互联系、相互作用的若干经济元素组成的有机整体。亚太地区经济系统、国民经济系统、区域经济系统、部门经济系统、企业经济系统都是广义的经济系统。经济系统的目标的多样性：任何系统都有一定的目标，经济系统既要考虑到经济效益，又要考虑到社会效益，还要照顾到对生态环境的影响。既要考虑长远目标又要考虑近期目标。这些目标有的是相一致的，有的是相矛盾的。我们必须根据实际情况研究经济系统的具体目标，有时需要同时考虑多种目标。

在市场经济发展的过程中，形成了一系列相互联系和相互依存的程序，这些程序组合在一起形成了统一的程序。企业建立了会计系统，市场中企业的发展需要经济系统提供有效的信息。企业为了维护自身利益向市场提供各种信息，市场参与者有效利用这些信息，做出的决策科学有效。在整个决策过程中需要市场上各个企业和参与者利用这些信息进行科学的决策，同时在整个运行过程中需要企业和参与者之间加强控制，在相互协调的过程中共同进步。工作人员可以对财务会计进行详细的解读，认真研究系统各个组成部分的特征。财务会计信息系统的核心结构就是对财务会计中的财务报表进行确认。经过确认形成的财务报表会对财务会计信息系统的性质和整体目标有所影响，可以对财务报告进行有效的预测和估计。

（二）企业发展角度

企业一般是指以盈利为目的，运用各种生产要素，向市场提供商品或服务，实行自主经营、自负盈亏、独立核算的法人或其他社会经济组织。在商品经济范畴内，作为组织单元的多种模式之一，按照一定的组织规律，有机构成的经济实体，一般以营利为目的，以实现投资人、客户、员工、社会大众的利益最大化为使命，通过提供产品或服务换取收入。它是社会发展的产物，因社会分工的发展而成长壮大。随着世界化经济的融合发展，挑战与机遇并存的新的发展形势是当前企业发展面临的重要环境，企业的市场竞争压力日益激烈。财务会计在企业的管理中处于核心位置，财务会计管理各个部门的账务信息为企业的战略发展提供依据，是企业经营发展的基础。搞好企业财务会计，对于改善经营管理、提高经济效益起着关键的作用。

企业在经营过程中为社会创造了丰富的财富价值，能够制造货物提供劳务，主要以实现利润的最大化为目的。同时企业可以并购其他公司，从而在分配的基础上实现有效的再分配，这样可以促使社会资源得到最大化的控制。社会资源的首次分配主要依靠的是市场，但是再次分配需要企业完成。企业主要的任务是在企业内部转化社会资源，在此基础上获取必要的生产要素。财务会计这一工作发生在企业内部，它提供商品货源和劳务，促使经济活动更加科学有效，这样就会形成丰富的社会财富。企业在追求利润的过程中，与企业经济相关的其他工作人员的行为，会直接影响会计工作的落实。通过企业及时提供信息，对推动企业的运行和市场经济的发展有一定的强化作用。除此之外，企业又是寻租者，要通过公开发行证券，实现对其他公司的并购，在再分配的基础上，实现社会资源的扩大。企业内部主要把资源变成生产要素，使得他们有机结合起来，变成现实的生产力，促使社会财富扩大。在资源配置中，第一次配置由市场完成，再次配置则由企业完成。企业就是将资源转化的生产要素，再转化为生产力，进而扩大企业财富。

（三）信息数据角度

企业的资源和主权以及变动濡伴随着交易发生而变化，这种情况客观存在。但是把交易数据变成财务信息，这其中存在的经济变化，便是无法了解的。会计信息是反映企业财务状况、经营成果以及资金变动的财务信息，是记录会计核算过程和结果的重要载体，是反映企业财务状况，评价经营业绩进行再生产或投资决策的重要依据。会计信息是指企业通过财务报表、财务报告或附注等形式向投资者、债权人或其他信息使用者揭示单位财务状况和经营成果的信息。会计数据是记录下来的会计业务，是产生会计信息的源泉。在会计工作中，从不同的来源和渠道取得的各种原始会计资料、原始凭证及记账凭证等都称为会计数据。如某日仓库的进货量、金额，某日某产品的产量、费用等。

与其他各种类型的数据相比，财务数据的含量更大，内容更集中，其中包含的信息更加丰富。通过对大数据含义的解读，我们发现，"大数据时代"下集团财务数据集中管控对整个集团的发展具有重要的意义。财务数据的集中管控，不但保证了对集团财务状况的准确分析和预测，而且提供了更多的企业运营情况资料，有助于股东、领导者通过数据对集团状况进行了解。财务数据的总结，可以帮助集团财务人员更全面地了解自身的财务状况，对某一阶段的集团收支情况进行检查，做出合理的财务分析，更加有效地评价集团的财务状况和各个分支机构的财务运营情况。这些数据还能够揭示集团及其下属公司在之前的运营过程中出现的各种问题，从而为财务预算分析提供参考依据。

（四）市场环境角度

市场起源于古时人类对于固定时段或地点进行交易的场所的称呼，指买卖双方进行交易的场所。发展到现在，市场具备了两种意义，一个意义是交易场所，如传统市场、股票市场、期货市场等，另一意义为交易行为的总称。即市场一词不仅仅指交易场所，还包括了所有的交易行为。故当谈论到市场大小时，并不仅仅指场所的大小，还包括了消费行为是否活跃。广义上，所有产权发生转移和交换的关系都可以称为市场。市场是商品交换顺利进行的条件，是商品流通领域一切商品交换活动的总和。市场体系是由各类专业市场，如商品服务市场、金融市场、劳务市场、技术市场、信息市场、房地产市场、文化市场、旅游市场等组成的完整体系。同时，在市场体系中的各专业市场均有其特殊功能，它们互相依存、相互制约，共同作用于社会经济。

由于市场用途的不同可以分为金融市场、资本市场等多个市场，而财务会计所指市场则是资本市场。不受政府干预的市场基本可以定义为有效市场，这样的市场中所带有的会计信息也具有真实性与公开性，这主要是指具有收益性的财务信息。对于所有上市企业来说，都要进入资本市场中，这就需要有可靠的财务报告作为依据，上市公司需要严格按照相关规定开展工作，做好财务报告，编制好财务信息。

第二节 财务管理的目标

企业财务管理目标是企业财务管理活动所希望实现的结果。它是评价企业理财活动是否合理有效的基本标准，是企业财务管理工作的行为导向，是财务人员工作实践的出发点和归宿。

一、影响财务管理目标的各种利益主体之间的冲突和协调

（一）影响财务管理目标的各种利益集团

确立科学的财务管理目标，必须分析会对企业理财产生重要影响的利

益关系人的构成。与企业有关的利益集团很多，但不一定都会对企业理财产生重大影响，那么，究竟哪些集团对企业理财，进而会对财务管理目标产生影响呢？一般而言，影响财务管理目标的利益集团应当符合以下三条标准：①必须对企业有投入，即对企业有资金、劳动或服务方面的投入；②必须分享企业收益，即从企业取得诸如工资、奖金、利息，股利和税收等各种报酬；③必须承担企业风险，即当企业失败时，都会承担一定损失。根据这三个标准，影响企业财务管理目标的有以下四种利益集团。

1. 企业所有者

所有者对企业理财的影响主要是通过股东大会和董事会来进行的。从理论上来讲，企业重大的财务决策必须经过股东大会或董事会的表决，企业经理和财务经理的任免也由董事会决定，因此，企业所有者对企业财务管理有重大影响。

2. 企业债权人

债权人把资金借给企业后，一般都会采取一定的保护措施，以便按时收取利息，到期收回本金。因此，债权人必然要求企业按照借款合同规定的用途使用资金，并要求企业保持良好的资本结构和适当的偿债能力。当然，债权人权力的大小在各个国家有所不同。

3. 企业职工

企业职工包括一般员工和企业经理人员，他们为企业提供了智力和体力的劳动，必然要求取得合理的报酬。职工是企业财富的创造者，他们有权分享企业收益，职工的利益与企业的利益紧密相连，当企业失败时，他们要承担重大风险，有时甚至比股东承担的风险还大。因此，在确立财务管理目标时，必须考虑职工的利益。

4. 政府

政府为企业提供了各种公共方面的服务，因此要分享企业收益，要求企业依法纳税，对企业财务决策也会产生影响。当然，在计划经济条件下，政府对企业财务管理的影响很大，而在市场经济条件下，因为实行政企分离，政府对企业财务管理的影响力要弱些，经常通过政策诱导的方式影响企业财务管理的目标。

（二）利益的冲突与协调

股东和债权人都为企业提供了财务资源，但是他们处在企业之外，只有经营者即管理当局在企业里直接从事管理工作。股东、经营者和债权人之间构成了企业最重要的财务关系。企业是所有者即股东的企业，财务管理的目标是指股东的目标。股东委托经营者代表他们管理企业，为实现他们的目标而努力，但经营者与股东的目标并不完全一致。债权人把资金借给企业，并不是为了"股东财富最大化"。与股东的目标也不一致。公司必须协调这三方面的利益冲突，才能实现"股东财富最大化"的目标。

将企业价值最大化目标作为企业财务管理目标的首要任务就是要协调相关利益群体的关系，化解他们之间的利益冲突。协调相关利益群体的利益冲突，要把握的原则是：力求企业相关利益者的利益分配均衡，也就是减少各相关利益群体之间的利益冲突所导致的企业总体收益和价值的下降，使利益分配在数量上和时间上达到动态的协调平衡。

1. 股东

如果把资本提供者首先或主要地视为"经济人"，那么，其所决定的企业终极目标就是实现资本增值极大化。

2. 经营者／管理层／经理

（1）经营者的目标

在股东和经营者分离以后，股东的目标是使企业财富最大化，千方百计要求经营者以最大的努力去完成这个目标。经营者也是最大合理效用的追求者，其具体行为目标与委托人不一致。他们的目标是：①增加报酬，包括物质和非物质的报酬，如工资、奖金，提高荣誉和社会地位等。②增加闲暇时间，包括较少的工作时间、工作时间里较多的空闲和有效工作时间中较小的劳动强度等。上述两个目标之间有矛盾，增加闲暇时间可能减少当前或将来的报酬，努力增加报酬会牺牲闲暇时间。③避免风险。经营者努力工作可能得不到应有的报酬，他们的行为和结果之间有不确定性，经营者总是力图避免这种风险，希望付出，一份劳动便得到一份报酬。

（2）所有者与经营者的矛盾与协调

在现代企业中，所有者一般比较分散，经营者一般不拥有占支配权地位的股权，他们只是所有者的代理人，所有者期望经营者代表他们的利益工作，实现所有者财富最大化，而经营者则有其自身的利益考虑。对经营者来讲，他们所得到的利益来自所有者。这种所有者支付给经营者的利益被称为享受成本。但问题的关键不是享受成本的多少，而是在增加享受成本的同时，是否更多地提高了企业价值。因而，经营者和所有者的主要矛盾就是经营者希望在提高企业价值和股东财富的同时，能更多地增加享受成本，而所有者和股东则希望以较小的享受成本支出带来更高的企业价值或股东财富。为了解决这一矛盾，应采取让经营者的报酬与绩效相联系的办法，并辅之以一定的监督措施。

解聘：这是一种通过所有者约束经营者的办法。所有者对经营者予以监督，如果经营者未能使企业价值达到最大，就解聘经营者，经营者害怕被解聘而被迫实现财务管理目标。

接收：这是一种通过市场约束经营者的办法。如果经营者经营决策失误、经营不力，未能采取一切有效措施使企业价值提高，该公司就可能被其他公司强行接收或吞并，经营者也会被解聘。为此，经营者为了避免这种接收，必须采取一切措施提高股东财富和企业价值。

激励：将经营者的报酬与其绩效挂钩，以使经营者自觉采取能提高股东财富和企业价值的措施。激励通常有以下两种基本方式。

"股票期权"方式：它是允许经营者以固定的价格购买一定数量的公司股票，当股票的市场价格高于固定价格时，经营者所得的报酬就越多。经营者为了获取更大的股票涨价益处，就必然主动采取能够提高股价的行动。

"绩效股"形式：它是公司运用每股收益、资产收益率等指标来评价经营者的业绩，视其业绩大小给予经营者数量不等的股票作为报酬。如果公司的经营业绩未能达到规定目标时，经营者也将部分丧失原先持有的"绩效股"。这种方式使经营者不仅为了多得"绩效股"而不断采取措施提高公司的经营业绩，而且为了使每股市价最大化，也采取各种措施使股票市价稳定上升，从而增加股东财富和企业价值。

（3）债权人

债权人的目标：债权人也是企业物质资本的提供者。债权人与企业之间签订的是借贷合同，这与股东是不同的，债权人无权参与企业的管理，只能按照合同的规定获得固定的利息收入。因此，债权人的主要目标是资金的安全和获利。债权人希望企业能够保持良好的财务状况，有较强的还本付息能力。

所有者与债权人的矛盾与协调：所有者的财务目标可能与债权人期望实现的目标发生矛盾。

首先，所有者可能要求经营者改变举债资金的原定用途，将其用于风险更高的项目，这会增大偿债的风险，债权人的负债价值也必然会实际降低。若高风险的项目一旦成功，额外的利润就会被所有者独享，但若失败，债权人却要与所有者共同负担由此而造成的损失。这对债权人来说风险与收益是不对称的。

其次，所有者或股东可能未征得现有债权人同意，而要求经营者发行新债券或举借新债，致使旧债券或老债券的价值降低（因为相应的偿债风险增加），为协调所有者与债权人的上述矛盾，通常可采用以下方式：①限制性借债，即在借款合同中加入某些限制性条款，如规定借款的用途、借款的担保条款和借款的信用条件等。②收回借款或停止借款，即当债权人发现公司有侵蚀其债权价值的意图时，采取收回债权和不给予公司增加放款，从而来保护自身的权益。

（4）集团总部、子公司、部门、利益单元等

集团总部、子公司、部门、利益单元各自的财务目标：由于集团内各个成员企业是彼此独立的利益主体，不可避免地会出现谋求企业自身局部利益最大化的倾向，会偏离企业集团整体利益目标。这种冲突表现为成员企业个体财务目标对集团整体财务目标的偏离，亦即成员企业以自身局部财务目标最大化取代集团整体财务目标最大化。这种局部利益目标与整体利益目标的非完全一致性，以及由此而产生的成员企业经营财务管理活动的过分独立和缺乏协作精神的现象，被称为管理目标换位，或叫作目标次优化选择、目标逆向选择。

引起目标不一致、产生冲突的原因分析：企业集团是以产权为联结纽带的企业联合体，集团公司与集团内成员企业在法律上有着同等的法人地位且彼此独立，因此，企业集团的财务管理目标与集团内企业的财务管理目标密切相关但又有所区别，即企业集团的财务管理目标并不是集团内成员企业财务管理目标的简单相加。

无论是站在集团整体角度抑或是个别成员企业立场，都必须以实现市场价值最大化作为财务的基本目标。在这层概念上，企业集团与其他企业或营利性组织并无本质的差异。企业集团财务目标的特殊性源自财务主体的多级复合结构。由于成员企业与其他公司在法律上有着同等的法人地位，是彼此独立的利益主体，因此各成员企业在财务管理过程中不可避免地会诱发谋求自身局部利益最大化的倾向。对于这种倾向如果不加以引导与规范的话，势必导致成员企业个体财务目标对集团整体财务目标的偏离，亦即成员企业以自身局部财务目标最大化取代集团整体财务目标的最大化。针对这种矛盾，总部在财务管理目标的定位上，必须从集团整体利益最大化出发，依据一体化财务战略与财务政策，对总公司与子公司、母公司与其他成员企业，子公司以及其他成员企业彼此间的利益冲突与财务目标进行统一协调与统一规划，最终在确保集团整体财务目标最大化的前提下，实现成员企业个体财务目标的最大化，从而在整体与个体财务目标间形成一种依存互动机制。

基于上述分析，使得企业集团的财务目标在遵循市场价值最大化共性原则的同时，又有着区别于其他企业或营利性组织形式的特殊性，即企业集团的财务目标呈现为成员企业个体财务目标对集团整体财务目标在战略上的统合性。

（5）独立董事

独立董事除了他们的董事身份和董事会中的角色之外，既不在企业中担任其他的实职并领取薪水，也与公司没有任何直接或间接的利益关系，具有完全独立意志。因此，一方面从维护全体股东和整个企业的合法利益出发，客观评价企业的经营活动，避免大股东操纵企业，保护中小投资者的权益。另一方面，为董事会提供有利于企业全面健康发展的客观、公正的决策依据，也为防止企业经营管理层与董事会合谋进行违法活动提供了制度保证，督促上市公司规范运作，从而在制度层面上，使独立董事成为影响公司决策的一种强有力的独立的平衡力量。

由于独立董事同样是"经济人"，也存在着物质需求和精神需求。从物质需求来看，他会进行机会成本和机会收益的比较，当参加董事会研究企业这样或那样的报告获得的收益远远低于从事其他劳务的收益时，出现独立董事时常缺席董事会或随便委托个人代理表决的现象就不足为怪了。从精神需求来说，由于独立董事多是学有所成的专家学者，他们非常顾及自己的名誉，不会因为报酬或津贴低而不顾原则和立场乱表态，但这种道德层面上的约束毕竟是软约束，作用有限，当独立董事所得到的利益高于道德损失时，他很有可能不顾自己的职责谋取经济上的利益。

（6）公司（股东，经理）与其他利益相关者（一般职工、政府、客户、消费者及社区等）

一般职工（除经理等高级管理人员之外的劳动力资源）其个体的目标为获得相应的工资报酬，劳动安全保障、相关的福利以及人身的自由权力等。政府的角色有两个方面：一方面政府是企业的出资者，那么其目标就等同于股东的目标；另一方面"作为行使社会管理职能的国家机构"。

三、企业目标与社会责任

企业的目标和社会的目标在许多方面是一致的。企业在追求自己的目标时，自然会使社会受益。例如，企业为了生存，必须要生产出符合顾客需要的产品，满足社会的需求，企业为了发展，要扩大规模，自然会增加职工人数，解决社会的就业问题，企业为了获利，必须提高劳动生产率，改进产品质量，改善服务，从而提高社会生产效率和公众的生活质量。

企业的目标和社会的目标也有不一致的地方。例如，企业为了获利，可能生产伪劣产品，可能不顾工人的健康和利益，可能造成环境污染，可能损害其他企业的利益等。

股东只是社会的一部分人，他们在谋求自己利益的时候，不应当损害他人的利益。为此，国家颁布了一系列保护公众利益的法律，通过这些法律调节股东和社会公众的利益。

一般说来，企业只要依法经营，在谋求自己利益的同时就会使公众受益。

但是，法律不可能解决所有问题，企业有可能在合法的情况下从事不利于社会的事情。因此，企业还要受到商业道德的约束，要接受政府有关部门的行政监督，以及社会公众的舆论监督，进一步协调企业和社会的矛盾，促进构建和谐社会。

第三节 财务管理的环境

财务管理环境，又称理财环境，是指对企业财务活动和财务管理产生影响作用的企业内外各种条件的统称。

企业财务活动在相当大程度上受理财环境制约，如生产、技术、供销、市场、物价、金融和税收等因素，对企业财务活动都有重大的影响。只有在理财环境的各种因素作用下实现财务活动的协调平衡，企业才能生存和发展。研究理财环境，有助于正确地制订理财策略。

一、财务管理环境的分类

财务管理环境是一个多层次、多方位的复杂系统，系统内各部分纵横交错，相互制约，对企业财务管理有着重要影响。

（一）按与企业的关系分类

财务管理环境按其与企业的关系，分为企业内部财务管理环境和企业外部财务管理环境。

1.企业内部财务管理环境

企业内部财务管理环境是指企业内部的影响财务管理的各种因素，如企业的生产情况、技术情况、经营规模、资产结构、生产经营周期等。相对而言，内部环境比较简单，往往有现成资料，具有比较容易把握和加以利用等特点。

2.企业外部财务管理环境

企业外部财务管理环境是指企业外部的影响财务管理的各种因素，企业所面临的市场状况及国际财务管理环境等。外部环境构成比较复杂，需要认真调查和搜集资料，以便分析研究，全面认识。

企业内部财务管理环境一般均属微观财务管理环境。企业外部财务管理环境有的属于宏观财务管理环境，如政治、法律制度等，有的属于微观财务管理环境，如企业的产品销售市场、企业资源的供应情况等。

（二）按变化情况分类

财务管理环境按其变化情况，分为静态财务管理环境和动态财务管理环境。

1. 静态财务管理环境

静态财务管理环境是指那些处于相对稳定状态的影响财务管理的各种因素，它通常指那些相对容易预见、变化性不大的财务环境部分，它对财务管理的影响程度也是相对平衡的，起伏不大。因此，认清这些财务管理环境后，一般无须经常予以调整、研究，而是作为已知条件来对待。财务管理环境中的地理环境、法律制度等，属于静态财务管理环境。

2. 动态财务管理环境

动态财务管理环境是指那些处于不断变化状态的影响财务管理的各种因素。从长远的观点来看，财务管理环境都是发展变化的，都是变化状态下的财务管理环境。这里所谓的动态财务管理环境，是指变化性强、预见性差的财务管理环境部分。在市场经济体制下，商品市场上的销售数量及销售价格，资金市场上的资金供求状况及利率的高低，都是不断变化的，属动态财务管理环境。在财务管理中，应着重研究、分析动态财务管理环境，并及时采取相应对策，提高对财务管理环境的适应能力和应变能力。

（三）按企业对财务管理环境因素的控制性

1. 可控制财务管理环境

可控制财务管理环境是企业经过努力能够影响、改变或部分改变的环境，企业内部财务管理环境均属企业可控制财务管理环境。

2. 不可控制财务管理环境

不可控制财务管理环境指企业无法控制的财务管理环境，企业的外部环境很多都属于不可控制环境，如政治政策环境、社会文化环境等。

对可控制财务管理环境，我们应当充分利用各种手段与方法，营造有利于企业财务管理目标实现的环境，对不可控制财务管理环境，我们也应当采取一定的方法，识别和利用有助于企业财务管理目标实现的各种环境因素，规避不能控制的、不利于企业财务管理目标实现的因素。

（四）按包括的范围分类

财务管理环境按其包括的范围，分为宏观财务管理环境和微观财务管理环境。

1. 宏观财务管理环境

宏观财务管理环境是指对财务管理有重要影响的宏观方面的各种因素，如国家政治、经济形势、经济发展水平和金融市场状况等。一般来讲，宏观环境的变化对各类企业的财务管理均会产生影响。

2. 微观财务管理环境

微观财务管理环境是指对财务管理有重要影响的微观方面的各种因素，如企业组织形式、生产状况、企业的产品销售市场状况和资源供应情况等。微观环境的变化一般只对特定的企业财务管理产生影响。

二、宏观财务管理环境

财务管理的宏观环境，是指宏观范围内普遍作用于各个部门、地区的各类企业的财务管理的各种条件。企业是整个社会经济体系的一个基层性的小系统，整个社会是企业财务活动赖以运行的土壤。

财务管理的宏观环境十分广阔，包括经济、济角度来看主要有以下几个方面。

（一）经济环境

财务管理的经济环境是指影响企业财务管理的各种经济因素，如经济周期、经济发展水平和经济体制等。

1. 宏观经济发展水平

财务管理的发展和企业所处的经济环境中的经济发展水平密切相关。经济发展水平越高，财务管理水平的要求也就越高，相反，经济发展水平越低，对财务管理水平的要求也就越低。

2. 宏观经济周期

经济周期是指经济运动沿着复苏、高涨、衰退、萧条这四个阶段周而复始的循环，又叫商业周期。

经济学研究发现，在市场经济条件下，经济一般不会出现较长时间的持续繁荣或持续衰退，经济总是在波动中发展，经济发展具有周期性。不同的周期阶段呈现出不同的经济状况，使企业微观的经济活动受到不同影响，从而使企业财务管理在不同的阶段遇到不同的财务管理问题。

经济发展的周期性，将影响企业的财务管理活动。例如，在高涨阶段，市场需求量大，购销活跃，企业利润上升，企业为了扩大生产规模和增加产量，需进行大量的筹资和投资工作；反之，在萧条阶段，整个经济大环境不景气，需求减少，投资锐减，生产萎缩，购销停滞，企业利润下降，而且极难筹到资金。因此，企业财务管理人员应对经济周期有全面的了解，做出科学的预测，预先根据各阶段的特点采取相应的财务政策和措施，以免某一特定周期阶段真正来临时措手不及，导致财务管理被动，甚至受到损害或丧失机会。同时，要有居安思危的思想，例如，要认识到经济高涨本身就孕育着衰退，不要在衰退将至时还进行大规模的投资，购买设备、材料和聘用工人。否则，会造成设备闲置、存货积压、工人待工、资金紧缺的困难局面。

3. 宏观经济体制

经济体制是指对有限资源进行配置而制订并执行决策的各种机制。现在世界上典型的经济体制主要有计划经济体制、市场经济体制以及介于二者之间的混合经济体制。

计划经济和市场经济都是资源配置的方式。计划经济即政府通过计划渠道配置资源。其机制是：政府计划部门在收集和掌握所需要的供求信息的基础上，做出有关资源配置的决定，并将有关计划指标下达给企业，决定企业生产什么、生产多少、如何生产、为谁生产。市场经济即以市场价格作为调节手段，支配资源的配置和使用。其机制是：生产者和消费者在充分竞争中形成价格，价格调节生产者的竞争性行为和生产什么、生产多少、如何生产以及为谁生产等方面的独立决策，从而在市场信号的调节下实现资源在各个生产领域的配置。

在什么条件下实行计划经济体制，在什么条件下实行市场经济体制，主要取决于资源配置效率目标的实现程度。这同调节对象的状况及调节者掌握的供求信息的准确性程度相联系。如果调节对象（企业）没有独立的利益，或者企业的利益同社会的利益完全一致，政府能掌握足够的供求信息，这时实行计划经济是最有效的。如果企业有独立的利益并自主经营，政府不能掌握足够的供求信息，这时实行市场经济是最有效的。

4. 具体的经济因素

除以上几点因素外，一些具体的经济因素发生变化也会对企业财务管理产生重要影响。这些因素包括：通货膨胀、利率、外汇汇率、金融市场、金融机构的完善程度、金融政策、财税政策、产业政策、对外经济政策及其他相关因素。这些因素的变化都会对企业的财务管理产生明显的影响。

（1）通货膨胀

通货膨胀是经济发展中最为棘手的问题。价格不断上涨，不但对消费者极其不利，对企业财务活动的影响更为严重。大规模的通货膨胀会引起资金占用的迅速增加，通货膨胀还会引起利率的上升，增加企业的筹资成本，通货膨胀时有价证券价格会不断下降，给筹资带来相当大的困难。通货膨胀会引起利润虚增，造成企业资金流失。

（2）利率波动

银行贷款利率的波动，以及与此相关的股票和债券价格的波动，既给企业以机会，也是对企业的挑战。

在为过剩资金选择投资方案时，利用这种机会可以获得营业以外的额外收益。例如，在购入长期债券后，由于市场利率下降，按固定利率计息的债券价格上涨，企业可以出售债券获得较预期更多的现金流入。当然，如果出现相反的情况，企业会蒙受损失。

在选择筹资来源时，情况与此类似。在预期利率将持续上升时，以当前较低的利率发行长期债券，可以节省资本成本。当然，如果后来事实上利率下降了，企业要承担比市场利率更高的资本成本。

（3）技术发展

科学技术是第一生产力，是影响企业发展的第一要素。科学技术不断向前发展，新技术、新设备不断出现，设备更新时间日益缩短。这也要求企业财务人员必须适应这种趋势，筹集足够资金，及时更新所需设备。

（4）竞争

竞争广泛存在于市场经济之中，任何企业都不可回避。企业之间、各产品之间、现有产品和新产品之间的竞争，竞争能促使企业用更好的方法来生产更好的产品，竞争既是机会，也是威胁。为了改善竞争地位，盈利增加，但若投资失败则竞争地位更为不利。

竞争是"商业战争"，检验了企业的综合实力，经济增长、通货膨胀和利率波动带来的财务问题，以及企业的相应对策都会在竞争中体现出来。

（二）金融市场环境

金融市场是指资金供应者和需求者双方通过某种形式融通资金达成交

易的场所。金融市场环境正是基于金融市场的特定规则而构筑的财务环境。

1.金融市场的基本特征

（1）金融市场是以资金为交易对象的市场

在金融市场上，资金被当作一种"特殊商品"来进行交易。资金供应者直接或者通过中介人把资金让渡给资金需求者，并取得一定的信用工具（票据或有价证券）。财政资金的上划下拨，银行资金的内部调拨，都是无偿的。没有构成交易行为，不属于金融市场的范围。

（2）金融市场可以是有形的市场，也可以是无形的市场

前者有固定的场所和工作设备，如银行、证券交易所，后者利用计算机、电传、电话等设施通过经纪人进行资金商品的交易活动，而且可以跨越城市、地区和国界。

2.金融市场的功能

从企业财务管理的角度看，金融市场具有以下功能。

（1）资金融通

该功能主要是通过短期资金市场发挥作用的。在短期资金市场上，资金的供给者通过在金融机构的存款或购买短期证券而运用自身闲置的货币资金；而资金的需求者为了解决季节性或临时性资金需求，向金融机构获取贷款或通过发行短期证券以取得资金，实现资金的融通。

（2）资金筹措和投放

该功能主要是通过长期的资本市场发挥作用。企业筹措的资金来源主要有两种：一是筹措内部资金，如将税后利润用于再投资，二是筹措外部资金，即资本市场上向资金供给者筹措资金，如发行股票、债券等，企业也可以是这些交易中的买方，通过购买有价证券进行中长期投资以获取投资收益。

（3）确定金融资产价格

金融资产购销活动的存在，导致了其定价的必要性。通常新发行的金融资产的价格是参照金融市场上的同类金融资产（如到期期限、风险等级、股票的市盈率等）的转售价格制订的。此外，在金融市场交易形成的各种参数，如市场利率、汇率、证券价格和证券指数等，是企业进行决策的前提和基础。

（4）分散风险并转售

在金融市场的初级交易过程中，金融资产的购买者在获得金融资产出售者（生产性投资者）一部分收益的同时，也有条件分担生产性投资者的一部分风险。这样金融资产购买者本身变成了风险投资者，经济活动中的风险承担者数量的增加，减少了每个投资者所承担的风险量。在期货和期权市场，金融市场参加者还可以通过期货、期权交易进行筹资、投资的风险防范。在金融市场的再次交易过程中，金融资产的购买者可根据需要将未到期的金融资产转售出去，或用其交换其他金融资产。交易如此不断地进行，资金的筹措和风险的分散功能也在不断地完成。如果没有转售市场，企业就无法筹措到长期资金，所以，转售市场存在无论对于分散风险还是对于筹措资金都是非常重要的。

3.金融市场的重要性

商业银行和各种非银行金融机构，是企业日常筹集资金、融通资金的主要来源。金融环境如何，对企业财务活动影响极大。银行各种贷款项目的设置、贷款条件的规定、利率的高低、浮动利率的实行等，直接影响着企业筹资数额的多寡和资金成本的高低。资金市场的发育程度，各种融资方式的开放情况，各种有价证券等金融手段的利用情况，承兑、抵押、转让、贴现等各种票据业务的开展程度，对企业资金能否搞活都有极大的影响。当银根宽松，融资条件较好时，企业应当充分利用有利时机，积极开展生产经营，适当扩大投资规模。当银行抽紧银根、提高贷款利率、采取紧缩政策时，企业就应寻求相应的对策。

在市场经济条件下，企业要通过各种渠道筹集资金，就需要充分利用金融市场。

4.金融市场的分类

（1）金融市场按融资期限分

可分为短期的货币市场和长期的资本市场。凡期限不超过一年的为货币市场，超过一年的为资本市场。

（2）金融市场按证券发行与流通分

可分为一级市场和二级市场。二级市场上的证券交易活动虽然并不增加社会的投资资金，但是该市场的存在使证券具有流动性，从而对新证券的发行起到推动作用。不能上市交易的证券对投资者是缺乏吸引力的。证券交易的二级市场的规范、繁荣和发展对一个国家来说，是至关重要的。

（3）金融市场按交易方式分

可分为现货市场、期货市场和期权市场。在现货市场上买卖的资产通常当场交割，或在几天之内货款两讫，交割完毕。在期货市场上买卖的资产必须在未来某一特定的时点（如三个月之后）才能交割。交割结算时，不是按照交割时的行情，而是按照当初买卖双方签订期货合同时规定的价格执行。在期权市场上买卖的是资产交割与否的选择权，对于期权购买方来说，拥有一份在未来某一特定时点或未来某一特定时期，按规定价格交割资产与否的选择权，即期权购买方根据未来资产行情有权选择执行交割或放弃交割特定资产。

（4）金融市场按交易区域分

可分为国际市场、国内市场和地区市场。国内市场或地区市场的业务活动限于一个国家或地区的个人、企业和金融机构，以所在国货币结算，并且必须具备比较稳定的政局、比较稳定的货币制度，金融管制少、税率低、地理位置便利，具有较高的管理水平与效率等条件。除此之外，汇率的变动是国际市场业务活动中必须考虑的一项重要因素。

（5）金融市场按交易种类分

可分为资金市场、外汇市场和黄金市场三大类。

5. 金融市场的要素

金融市场的构成要素有以下四个：交易对象、交易主体、交易工具和组织方式。

（1）交易对象

金融市场的交易对象是指金融市场参与者进行交易的标的物，是市场的客体。在金融市场上作为交易对象的就是货币资金。无论是银行的存贷款，还是证券市场上的证券交易，实际上都是货币资金的转移。资金需求者希望通过金融市场筹集资金，而资金供给者则希望通过金融市场投资来获得投资收益。

（2）交易主体

金融市场的交易主体是指在金融市场上进行金融交易的市场参与者，

分为筹资者、投资者、中介机构和监管机构。筹资者一般是企业，其主要目的是通过金融市场筹集生产经营所需资金，如利用向银行借款、发行公司债券、发行股票等方式筹集资金。投资者可以是企业及其他单位，也可以是个人，主要目的是将闲置的资金使用权转让给资金需求者，以获得一定利息或红利收益。中介机构是为金融交易双方提供中介服务的机构，其主要目的是通过提供中介服务收取服务费，如银行、证券公司等。金融市场的监管机构通常是政府机构，它们保证金融市场正常运行，依法对金融市场的其他参与者进行监督，并通过有关法律手段、经济手段或者行政手段对金融市场进行宏观调节，稳定金融市场。

（3）交易工具

金融市场的交易工具，或称金融工具，是指在金融市场上资金供需双方进行交易时所使用的信用工具。有了金融工具，资金交易双方的融通资金活动就更加方便和快捷。同时，金融工具作为合法的信用凭证，使交易双方的债权债务关系或者产权关系更加清晰，并能得到法律的保护。金融市场上的金融工具多种多样，主要包括各种商业票据，可转让定期存单、股票、债券、期货合约、期权合约等。在金融市场上，资金供需双方就是通过各种金融工具来实现资金融通的。金融工具具备流动性、收益性、风险性的特点。流动性是指金融工具在短期内可以不受损失地变现的属性。收益性是指金融工具的收益率的高低。风险性是指金融工具在变现时低于其原投资价值的可能性。金融工具的风险性与发行单位的信誉及经济实力相关，发行单位的信誉好，实力强则风险小，反之则风险大。上述三种属性是相互联系、相互制约的。流动性与收益性成反比，收益性与风险性成正比。现金的流动性最好，几乎没什么风险，但持有现金不能获得收益。股票的收益性较好，但其风险也较大。政府债券的收益性不如股票，但政府债券作为"金边债券"，其风险也远低于股票的风险，所以企业在选择金融工具时应进行权衡。

（4）组织方式

金融市场的组织方式是指金融市场上资金供需双方采取的交易形式，主要包括交易所方式、柜台交易方式和中介方式等。交易所方式是在特定的交易所内进行的由买卖双方通过公开竞价实现交易的一种交易方式，如证券交易所等。柜台交易方式是在金融机构的柜台上进行金融交易活动的一种交易方式。中介方式是通过中介人，如经纪人等，进行的一种交易方式。

6.金融机构

在金融市场中，金融机构在资金供给者和需求者之间起着至关重要的中介作用。由于各类金融机构职能上的差异，它们在金融市场上扮演着不同的角色。

7.金融资产

金融资产是在金融市场中资金转移所产生的信用凭证和投资证券，实质是一种索偿权（要求权），即提供资金一方对于接受资金一方未来收入和资产的一种"要求权"。货币是最明显的金融资产。除此之外金融资产还包括债务证券、权益证券和信用凭证。

债务证券包括政府债券、公司债券以及由商业银行发行的可流通存单权益证券即为普通股股票和优先股股票。信用凭证如储蓄者将货币存入金融机构取得的存款凭证，该凭证代表储户对接受存款的金融机构的一种"要求权"。债务证券和权益证券是企业所拥有的金融资产，在公司的资产负债表上表现为负债及股东权益部分。

8.金融工具

金融工具是能够证明债权债务关系或所有权关系并据以进行货币资金交易的合法凭证，它对于交易双方所应承担的义务与享有的权利均具有法律效力。金融工具一般具有期限性、流动性、风险性和收益性四个基本特征：①期限性是指金融工具一般规定了偿还期，也就是规定债务人必须全部归还本金之前所经历的时间。②流动性是指金融工具在必要时迅速转变为现金而不致遭受损失的能力。③风险性是指购买金融工具的本金和预定收益遭受损失的可能性，一般包括信用风险和市场风险两个方面。④收益性是指持有金融工具所能够带来的一定收益。

金融工具若按期限不同可分为货币市场工具和资本市场工具，前者主要有商业票据、国库券（国债）、可转让大额定期存单、回购协议等，后者主要是股票和债券等。

9.货币市场

货币市场是融通短期资金的市场，包括同业拆借市场、银行承兑汇票市场、商业票据市场、可转让定期存单市场等。

（1）同业拆借市场

也称同业拆放市场，指发生在银行与银行之间、银行与其他金融机构之间相互融通短期资金的一种金融市场。拆借的资金一般是短期的、临时性资金。同业拆借市场的产生，是源于银行之间相互调剂，后来为了轧平票据交换差额。现在，同业拆借已经不再限于这两个目的，各金融机构之间因业务经营需要，暂时短缺资金也进行同业拆借。

同业拆借市场是一个无形市场，没有一个特定的交易场所。交易双方是通过电话、电传等通信设备进行交易的，手续也极为简便，借款方不必提供担保抵押，成交后经双方书面确认后即可拨款。

（2）银行承兑汇票市场

银行承兑汇票是商业汇票的一种，它是应购货单位或销货单位的申请，由购货方或销货方签出，经银行在汇票上签章承兑的商业汇票。经过承兑的汇票具有法律效力。付款人到期必须无条件支付票款。汇票经过银行承兑，因银行的资信度比一般的企业好，所以，银行承兑汇票的信用较好，安全性极高。

银行承兑汇票市场是指银行承兑汇票的转让市场，即汇票贴现，转贴现、再贴现和买卖市场。

贴现是指票据持有人将未到期的票据向银行换取现金，并贴付利息的一种票据转让行为。对于银行来说，票据贴现实际上是一种票据买卖行为。银行以现金买入未到期的票据，等票据到期时，再收回票款，这样就可以获取贴现利息。对于贴现企业来说，将未到期的票据提前兑现，满足了其资金需求，并且贴现利率一般低于银行贷款利率，也不需要向银行提供任何抵押品，是一种非常便利的融资方式。

贴进票据的银行如果不急需资金，一般都会将贴进的票据持有到期，然后收回票款。如果急需资金，也可将票据进行转贴现或再贴现。转贴现是指银行将已经贴进的、未到期的票据向同业再进行贴现的行为。转贴现实际上是同业之间票据的转让。再贴现是银行将已经贴进的、未到期的票据再转让给中央银行的票据转让行为。再贴现是中央银行对商业银行融通短期资金的一种形式，也是中央银行调节市场银行松紧的重要手段。

（3）商业票据市场

商业票据，也称短期融资券或短期债券，是由大型工商企业或金融机构所发行的短期无担保本票。商业票据最初是由于商品交易而产生的，是商业信用的一种信用工具，它是以出票人为付款人的本票，由出票人承诺在一定时间、地点，支付给收款人一定金额的票据，它是出票人出具的短期无担保的债务凭证。早期的商业票据是一种双名票据，在票据上列明收款人和付款人的名称，由收款人持有，到期时向付款人收取款项，也可以在到期之前到票据贴现市场贴现取得款项。后来，商业票据已经不再局限于商业信用中使用，与商品交易分离，演变为单名票据，票据上不再列明收款人，出票人就是付款人，并逐渐成为金融市场上筹集资金的金融工具，即短期融资券。

商业票据的利率一般高于国库券利率，这说明其风险要高于国库券。通常商业票据的利率主要取决于市场利率水平，并受市场上商业票据供需关系的影响。与银行贷款比，商业票据筹资成本较低，所以较受企业的欢迎。

（4）可转让定期存单市场

转让定期存单是由银行发行的可以在货币市场上流通转让的定期存单。它是从普通的银行存单发展而来的，可转让定期存单既具有定期银行存款的收益，又具有活期银行存款的流动性，所以深受投资者欢迎。

10.金融市场上利率的决定因素

在金融市场上，利率是资金使用权的价格。一般说来，金融市场上资金的购买价格，可用下式表示：

利率 = 纯粹利率 + 通货膨胀附加率 + 风险附加率

（1）纯粹利率

纯粹利率是指无通货膨胀、无风险情况下的平均利率。例如，在没有通货膨胀时，国库券的利率可以视为纯粹利率。纯粹利率的高低，受平均利润率、资金供求关系和国家调节的影响。

首先，利息是利润的一部分，所以利率依存利润率，并受平均利润率的制约。一般说来，利率随平均利润率的提高而提高。利率的最高限不能超过平均利润率，否则，企业无利可图，不会借入款项，利率的最低界限大于零，不能等于或小于零，否则提供资金的人不会拿出资金。至于利率占平均利润率的比重，则决定于金融业和工商业之间的竞争结果。

其次，在平均利润率不变的情况下，金融市场上的供求关系决定市场利率水平。在经济高涨时，资金需求量上升，若供应量不变，则利率上升，在经济衰退时则正好相反。

再次，政府为防止经济过热，通过中央银行减少货币供应量，则资金供应减少，利率上升，政府为刺激经济发展，增加货币发行，则情况相反。

（2）通货膨胀附加率

通货膨胀使货币贬值，投资者的真实报酬下降。因此投资者在把资金交给借款人时，会在纯粹利率的水平上再加上通货膨胀附加率，以弥补通货膨胀造成的购买力损失。因此，每次发行国库券的利率随预期的通货膨胀率变化，它近似等于纯粹利率加预期通货膨胀率。

（3）风险附加率

投资者除了关心通货膨胀率以外，还关心资金使用者能否保证他们收回本金并取得一定的收益。这种风险越大，投资人要求的收益率越高。实证研究表明，公司长期债券的风险大于国库券，要求的收益率也高于国库券，普通股票的风险大于公司债券，要求的收益率也高于公司债券，小公司普通股票的风险大于大公司普通股票，要求的收益率也大于大公司普通股票。风险越大，要求的收益率也越高，风险和收益之间存在对应关系。风险附加率是投资者要求的除纯粹利率和通货膨胀之外的风险补偿。

11. 资本市场

资本市场是融通长期资金的市场，包括中长期信贷市场和证券市场。中长期信贷市场是金融机构与工商企业之间的贷款市场，证券市场是通过证券的发行与交易进行融资的市场，包括股票市场、长期债券市场、基金市场、保险市场和融资租赁市场等。

（1）资本市场基本功能

筹资功能：资本市场的筹资功能是指资本市场为资金需求者筹集资金的功能，这一功能的另一作用是为资金的提供者提供投资对象。在资本市场，尤其是证券市场中交易的任何证券，既是筹资的工具也是投资的工具。在经济运行过程中，既有资金盈余者，也有资金短缺者。资金盈余者为了使自己的资金价值增值，就必须寻找投资对象。在资本市场上，资金盈余者可以通过买入证券进行投资，而资金短缺者为了发展自己的业务，就要向社会寻找资金。为了筹集资金，资金短缺者可以通过发行各种证券来达到筹资的目的。

资本定价功能：资本市场的第二个基本功能就是为资本决定价格。证券是资本存在的基本形式，所以，证券价格实际上是证券所代表的资本的价格。证券价格是证券市场上证券供求双方共同作用的结果。证券市场的运行形成了证券的需求者竞争和证券供给者竞争的关系，这种竞争的结果是：能产生高投资回报的资本，市场的需求大，其相应的证券价格就高，反之，证券的价格就低。因此，资本市场是资本的合理定价机制。

资本配置功能：资本市场的资本配置功能就是通过证券价格引导资本的流动而实现资本的合理配置。在资本市场上，证券价格的高低是由该证券所能提供的预期报酬的高低来决定的，证券价格的高低实际上是该证券筹资能力的反映。而能提供高报酬率的证券一般来自那些经营好、发展潜力巨大的企业，或者是来自于新兴行业的企业。由于这些证券的预期报酬率高，因而其市场价格也就相应高，从而其筹资能力就强，这样，资本市场就引导资本流向其能产生高报酬率的行业或企业，从而使资本产生尽可能高的效率，进而实现资本的合理配置。

（2）主要资本市场

①股票市场。股票发行市场，也称股票一级市场或初级市场，是组织股份公司发行股票的市场，包括新公司成立发行股票和老公司增资发行股票。股票发行市场是公司筹集资本的场所，公司通过在发行市场上发行股票，可以筹集到生产经营所需资金。股份公司决定发行股票的目的主要有：设立新的股份有限公司，增资扩股，扩大生产经营规模，其他目的，如发放股票股利、改善资本结构、筹资偿还借款等。

公司无论出于何种目的发行股票，都必须遵循国家有关法律法规，符合发行条件，并经主管部门批准，才能发行股票。发行股票时，必须按照公开、公平、公正的原则进行，同股同权，同股同利。同次发行的股票，每股的发行价格和发行条件应当相同。

股票流通市场，也称股票二级市场或次级市场，是已发行在外的股票进行买卖交易的场所。股票流通市场对于股东来说是非常重要的，因为股票不能偿还本金，股东只有通过流通市场将股票转让给其他投资者，才能收回本金。所以，股票发行必须以流通为前提，没有股票流通市场，股票市场就不是完整的市场。

②长期债券市场。债券发行市场是债券发行人向投资者出售新债券的市场。债券的发行人主要有政府、金融机构、企业等。债券发行必须符合有关法律规定的发行条件，并按规定的程序发行。债券发行人在确定了债券发行额、债券期限，利率、发行价格及还本付息方式之后，就应当选择一定的方式发行债券。

债券流通市场也称二级市场或次级市场，是指已经发行的债券在投资者之间转让买卖的场所。债券流通市场为债券提供了交易场所，提高了债券的流动性，同时也为新的投资者提供了进行债券投资的机会。

基金市场。基金市场是基金发行和流通的市场。基金又叫证券投资基金，是一种利益共享、风险共担的集合证券投资方式，即通过发行基金单位，集中投资者的资金，由基金托管者托管，由基金管理人管理和运用资金，从事股票、债券等金融工具投资，并将投资收益按基金投资者的投资比例进行分配的一种间接投资方式。当其金融市场发展到一定程度、金融工具的种类和数量达到一定的水平时，基金就会适应市场运行的需要而得到相应的发展。

基金可以按多种方式分类。以是否可自由赎回，基金可以分为封闭式基金和开放式基金。封闭式基金是指基金的发起人在设立基金时，限定了基金单位的发行总额，筹集到这个总额后，基金即宣告成立，并进行封闭，在一定时期内不再接受新的投资。封闭式基金通常采取在证券交易所挂牌交易，投资者日后买卖基金单位，都必须通过证券经纪商在二级市场上进行竞价交易，在封闭期内不能赎回。开放式基金是指基金发起人在设立基金时，基金单位的总数是不固定的，可视投资者的需求追加发行。投资者也可以根据市场状况和各自的投资决策，或者要求发行机构按现期净资产值扣除手续费后赎回股份或受益凭证，或者再买入股份或受益凭证，增持基金单位份额。与封闭式基金不同的是，开放式基金投资者可以在首次发行结束一段时间后，随时向基金管理人员或中介机构提出购买申请，买卖方式灵活，除极少数开放式基金在交易所作名义上市外，通常不上市交易。

③资本市场与企业财务管理。企业财务管理作为一门独立的学科形成较晚，到现在仅有百余年的历史。企业财务管理的发展总是伴随着市场经济的发展、企业规模的扩大和现代企业制度的建立以及资本市场的发展而发

展。而同时，企业财务管理的发展又促进了资本市场的繁荣。资本市场的发展催生了企业财务管理学科的产生与发展。

工业革命的结果，改变了传统的家庭作坊式的生产模式，企业生产向机械化、规模化发展。原来独资、合伙式已经不能适应规模化生产要求，公司制组织形式应运而生。公司制企业的最大特点是两权分离和可以募集大量的、单靠传统融资方式难以达到的资金，而股东只需承担有限责任。从财务角度讲，企业财务管理重要性提高了，企业财务的角色也从后台走向了前台。每一个这样的企业面临发展中的最大问题就是如何筹集资金，可以通过什么方式(是股票、债券还是其他证券方式)筹集资金，以及如何规范企业的设立、经营、解散和破产等一系列传统财务不可能遇到的财务管理问题。

现代企业财务管理的形成与发展离不开资本市场的推动与发展。随着科学技术的进步，尤其是以信息技术为特征的科技革命，促进了资本市场的国际一体化、网络化。金融工具及金融衍生工具层出不穷，市场中金融风险加大，企业财务管理中的风险也在增加，风险管理与控制、投资管理与控制得到了企业空前的重视，现代企业财务管理也正是在此背景下形成和发展的。企业财务管理研究内容向有效市场理论、投资组合理论、资本结构理论、证券估价理论、风险管理理论、市场微观结构理论发展，研究方法由描述性转向分析性，由定性方法向定量方法转变。

公司制组织形态发展对资金量的需求，反而又促进了资本市场的发展。市场中存在资金需要者和资金供给者，他们均在为如何筹集资金和运用资金而痛苦。资本市场为他们提供了这样的中介环境，使他们能够通过资本市场实现资金的融通与转让。而且有价证券市场的发展，使以股票为表征的所有权流通与转让比以前任何时候更加便捷与快速，加强了资本市场中资金的流转，促进了资本市场资源配置功能的实现。

现代企业财务管理理论的发展，也有利于资本市场的完善。如许多财务学理论是基于理想资本市场环境下存在的，它为我们指出了资本市场发展的方向，有利于资本市场的完善。

（3）税收环境

国家的税收政策也是企业财务管理所必须面对的重要外部环境。税收是国家以政权为依托所进行的一种特殊分配方式，随国家政权的出现而出现，依法纳税是每个企业及公民的义务。由于企业实现的利润有相当一部分被政府以课税的方式拿走，企业财务管理的重要任务之一就是要进行精心筹划，合理避税。税收制度在企业财务决策中扮演着重要角色。例如，是以资本利得的形式纳税还是缴纳企业所得税对企业更为有利，是发行债券以利息抵税还是以股票筹资给股东派现对企业更为有利，是以直线折旧以便使企业报表更"好看"还是用加速折旧以减少企业当前的纳税额，都涉及纳税筹划问题。

对跨国公司财务管理来说，还面临着各个国家不同的直接税和间接税。直接税有公司所得税、资本利得税，间接税有增值税、关税和预扣税等。此外还要付财产税、工薪税、印花税和注册登记税、消费税和未分配利润税。

税收制度在财务决策中扮演着无处不在的角色，不论个人财务管理或公司财务管理均需将税收的影响考虑在决策之内，所以，成功的财务管理者应清楚地了解税收制度并随时注意税法条文的更替。

（4）法律环境

财务管理的法律环境是指影响财务管理的各种法律因素。按照法规对财务管理内容的不同情况、可以把法规分为以下几种。

①影响企业融资的各种法规。企业融资是在特定的法律约束下进行的。影响企业融资的法规主要有公司法、证券法、金融法、证券交易法、经济合同法、企业财务通则、企业财务制度等。这些法规可以从不同层面规范或制约企业的融资活动。

②影响企业投资的各种法规。企业在投资时，必须遵守有关法规的规定。这方面的法规包括：企业法、公司法、企业财务通则、证券交易法等。这些法规可以从不同方面规范或制约企业的投资活动。

③影响企业收益分配的各种法规。企业在进行收益分配时，必须遵守有关法规的规定。这方面的法规包括：税法、公司法、企业法、财务通则、企业财务制度、企业会计准则等。这些法规都从不同方面对企业收益分配进行了规范。

（5）社会文化环境

社会文化环境包括教育、科学、文学、艺术、新闻出版、广播电视、卫生体育以及影响。而社会文化的各个方面，对财务管理的影响程度是不尽相同的，有的具有直接影响，有的可能是间接影响，有的影响比较明显，有的影响微乎其微。

三、微观财务管理环境

财务管理的微观环境也包括许多内容，如市场环境、采购环境、生产环境和企业类型等。下面概括介绍对财务管理有重要影响的几个方面。

（一）市场环境

每个企业所面临的不同市场环境也会影响和制约企业的理财行为。构成市场环境的要素主要有两项：一是参加市场交易的生产者和消费者的数量，二是参加市场交易的商品的差异程度。

一般而言，参加市场交易的生产者和消费者的数量越多，竞争越大，反之，竞争越小。参加市场交易的商品的差异程度越小，竞争程度越大，反之，竞争程度越小。

处于完全垄断市场上的企业的产品销售一般都不成问题，价格波动也不会很大，企业的利润稳中有升，不会产生太大的波动，因而风险较小，可利用较多的债务来筹集资金，而处于完全竞争市场上的企业，销售价格完全由市场来决定，被市场所左右，价格容易出现上下波动，从而导致利润波动，因而不宜过多地采用负债方式去筹集资金，处于不完全竞争市场和寡头垄断市场上的企业，关键是要使自己的产品超越其他企业的产品，创出特色、创出名牌，这就需要在研究与开发上投入大量资金，研制出新的优质产品，并做好广告，搞好售后服务，给予优惠的信用条件等，为此，财务人员要筹集足够的资金，用于研究与开发和产品推销。

（二）采购环境

采购环境又称物资供应环境，是指企业在市场上采购物资时涉及采购数量和采购价格的有关条件。

企业进行采购工作面临的环境，按物资供应是否充裕，可分为稳定的采购环境和波动的采购环境。前者材料资源相对比较充足，运输条件比较正常，能经常保证生产经营的需要，企业可以少储备物资，不过多占用资金。后者物资相对比较紧缺，运输不是很正常，有时不能如期供货，为此企业要设置物资的保险储备，占用较多资金。

采购环境按采购价格的变动趋势，可分为价格可能上升的采购环境、价格平稳的采购环境和价格可能下降的采购环境。对价格看涨的物资，通常企业要提前进货，投放较多资金，面对价格降落的物资，则可在保证生产需要的情况下推迟采购，节约资金。

（三）生产环境

不同的生产企业和服务企业具有不同的生产环境，对企业的财务管理影响很重要。例如，高技术型企业对设备要求较高，那么在长期投资上的要求就比较高，而劳动密集型的企业则相反，企业可以较多地利用短期资金，而不需在长期资产上投资较多。

生产环境主要是指由人力资源、物质资源、技术资源所构成的生产条件和企业产品的寿命周期。

就生产条件而言，企业可分为劳动密集型、技术密集型和资源开发型的企业。劳动密集型企业所需工资费用较多，长期资金的占用则较少，技术密集型企业需要使用较多的先进设备，而所用人力较少，企业需要筹集较多的长期资金，至于资源开发型企业则需投入大量资金用于勘探、开采，资金回收期较长。

产品的寿命周期通常分为投入期（试销期）、成长期、成熟期和衰退期等四个阶段。无论是就整个企业而言，还是就个别产品而言，在不同寿命周期的阶段，收入多少、成本高低、收益大小、资金周转快慢，都有很大差别。进行财务决策，不仅要针对企业现在所处的阶段采取适当的措施，而且要瞻前顾后，要预见性地进行投资，使企业的生产经营不断更新换代，使企业经常保持旺盛的生命力。

（四）企业类型

企业的类型很多，按不同标准可做不同分类，这里，首先介绍按国际管理标准划分的三种类型的企业组织形式，然后再介绍按其他标准划分的企业类型。

1.按国际管理标准划分的三种类型的企业组织形式及其对财务管理的影响

设立一个企业，首先面临的问题是要采用哪一种组织形式。常见的组织形式有三类：独资企业、合伙企业和公司。不同的企业组织形式对企业理财有重要影响。

（1）独资企业

如果是独资企业，理财比较简单，主要利用的是业主自己的资金和供应商提供的商业信用。因为信用有限，独资企业利用借款筹资的能力亦相当有限，银行和其他人都不太愿意借钱给独资企业。独资企业的业主要抽回资金，也比较简单，无任何法律限制。

（2）合伙企业

合伙企业的资金来源和信用能力比独资企业有所增加，收益分配也更加复杂，因此，合伙企业的财务管理比独资企业复杂得多。

（3）公司

公司引起的财务问题最多，公司不仅要争取获得最大利润，而且要争取使公司价值增加。公司的资金来源多种多样，筹资方式也有很多，需要进行认真的分析和选择。公司的盈余分配也不像独资企业和合伙企业那样简单，而是要考虑公司内部和外部的许多因素。

2. 按其他标准划分的企业类型及其对财务管理的影响

企业还可按其他标准进行分类，这些分类主要有：根据企业所属的部门可分为工业企业、商业企业、农业企业等，根据企业规模的大小可分为大型企业、中型企业和小型企业，根据所有权关系可分为国有企业、集体企业、个体私营企业、外商投资企业和股份制企业等，根据经营方式可分为承包经营企业和租赁经营企业等。

不同类型的企业，所处的财务管理环境也不同，对财务管理的影响也不一样。

四、财务管理环境的调查

为了掌握理财环境的过去、现在和未来，需要开展对理财环境的调查，包括对理财环境信息资料的收集、记录、整理和分析，并要存档保管，以待随时查阅。通过对理财环境的调查，系统地积累资料，可以随时据以研究分析，这对于搞好财务决策，及时调整财务策略很有帮助。

理财环境的调查是件复杂的工作，理财环境的因素不仅内容广泛，变化频繁，而且项目很不固定，难以做出规范化的描述，其中有的可以用数字指标做定量分析，有的只能提供具体情况做定性分析。所以，要根据环境因素的具体条件来开展工作。总的说来，对理财环境的调查要注意做到针对性

（有的放矢地而不是漫无边际地收集资料）、时效性、真实性、准确性，还要注意具有保密性，有些信息资料只能由本企业独占，不能与其他企业共享。

理财环境调查的工作内容主要有：确定调查项目，拟订调查方案，收集各种信息，进行分类整理，做出调查结论，提出调查报告。

理财环境调查的方法多种多样，主要有询问调查法、实地观察法和资料分析法。询问调查法又称访问调查法，是一种对理财环境直接调查的方法。其特点是，直接接触采访对象，可以进行双向交流，随时向受访者提出问题，形式灵活，易于达到调查的目的。其具体形式主要有：电话查询，寄发征询意见表，登门拜访，召开座谈会。

采取这种方法由于要求被调查者直接表示意见，所以往往只能用于调查比较公开的信息，被调查者一般只能提供易于了解的信息。对调查人来说，则要求能善于发现问题，提出问题，做好引导启发工作。

实地观察法也是一种对理财环境直接调查的方法，即由调查人员到有关业务活动的现场通过观察收集理财环境的信息资料。这种方法的特点是：收集的资料准确性强，可信度高，比较直观，但费时较多，花费较大，且短时间观察难以获得预期的结果。因此要长期坚持，认真分析，从中找出规律性的变化。这种方法最适于用在到证券交易所观察交易情况，了解交易人和中间人的意向、兴趣、成交规模，取得第一手资料。

资料分析法则是一种间接调查方法，即由调查人员引用现有的书面资料，摘录有关所需信息，归纳分析，得出结论。书面资料包括：报纸、专业刊物、工具书、专业书籍、各种年鉴、广告、上市公司公开披露的财务报告等。资料分析法的特点是，资料来源广泛，信息量大，收集整理的时间和方式灵活，但是在浩瀚的书面资料中要筛选出对财务决策有用的信息，难度较大。

在理财环境调查中所收集到的信息资料，凡是能够量化的，要用实物数量或金额指标加以表示，凡是能够按项目、状态、等级、比率等标志加以归类的，要加以归类。同时要尽可能以图表方式加以列示，以便积累和查阅。

第四节　财务管理的内容

一、制定财务战略，发挥财务职能

财务战略是为了使企业能在较长时期内生存和发展，在充分估计影响企业长期发展的内外环境中各种因素的基础上，为达到财务目标而制定的指导财务活动的总规划和总原则，也就是对企业财务管理所作的长远规划，是围绕财务目标而实施的全局性的行动方案。它由战略思想、战略目标和战略计划三个基本要素构成，具体内容主要可以根据企业财务管理要素确定。作为企业发展战略的组成部分，财务战略可以分为紧缩型战略、稳定型战略和发展型战略三种类型，制约着企业财务活动的基本特征和发展方向。因此，在市场经济条件下，加强财务战略管理，对企业财务管理具有重要意义。

财务职能是指利用价值形式来组织财务活动，协调财务关系，为实现企业的发展战略和财务目标服务。发挥企业的财务职能，就是要做好财务预测、决策、预算、控制、分析监督和考核等工作，充分发挥企业财务管理的组织、协调、配置和平衡的作用，正确处理好企业内部资源条件、外部经济环境和企业目标之间的平衡关系，并从动态平衡中求发展，促使企业顺利实现发展战略和财务目标。实践证明，财务职能越健全的企业，财务管理越有效，企业抵御市场风险的能力和市场竞争力也就越强。

二、控制成本耗费，增加企业收益

企业收益是补偿成本耗费的来源，也是企业向投资者回报，改善职工生产条件和经济待遇，并实现企业扩大再生产所需资本积累的保障。为了实现利润最大化和企业价值最大化的财务目标，企业在市场竞争中需要努力开源节流，一方面采用先进的市场营销策略与自主知识产权，提高产品或服务质量，树立企业信誉，创造核心竞争力，以提高企业收益的质量；另一方面建立激励与约束机制，调动职工发明创造和增收节支的积极性，控制企业收益流失。

企业为了获得各项收入，必然需要支付相关成本、费用，包括材料、人工等直接成本，销售及管理等各项费用以及依法缴纳的税金。企业在各项业务收入既定的情况下，成本消耗越少，企业收益越大。同时，相同产品的单位成本消耗越少，意味着其越具有市场竞争优势，更容易实现销售目标。因此，降低成本消耗，是企业财务管理的一项艰巨任务。企业通过革新生产技术，改进工艺流程，采用现代物流管理，实行存货决策控制，盘活各项闲置或者低效的资产，提高劳动生产率，实行必要的成本，费用管理责任制度，都可以降低材料、燃料消耗，减少资产损失和资源浪费，节约成本、费用，从而增加企业收益。

三、合理筹集资金，有效营运资产

资金是企业运行的血液，一旦流量不足，企业就会出现财务危机，生产经营就会面临停顿，甚至导致企业清算。因此，筹集资金，组织资金供应，是企业财务管理的首要任务。企业应当根据自己生产经营和发展战略的需要确定合理的资金需要量，依法、合理地筹集所需要的资金。所谓"依法"，就是要在法律、行政法规和规章允许的范围内筹集资金。所谓"合理"，就是要考虑资金成本因素，利用财务杠杆，选择有利的筹资渠道和可行的筹资方式，以尽可能低的资金成本及时筹集所需要的资金。

企业资金利用效果取决于资产是否有效营运。资产营运过程也是资源配置过程，主要包括现金流量管理与投资管理。企业对筹集的资金实行统一集中管理，按不同环节、不同业务的合理需要调度资金，有计划地安排现金流量，防止现金收支脱节。在组织财务活动中，注意开展资产结构动态管理，保持资产与负债的适配性，结合生产经营的特点，合理安排采购业务，积极控制存货规模，及时回收应收款项，避免盲目投资，提高固定资产利用效能，推进科技成果产业化，实现知识产权的经济价值，从而不断调整和改善资产结构，提高资产质量实现资源优化配置的效益。

四、规范收益分配，增强企业活力

企业既是投资者获得投资回报的载体，又是经营者和其他职工，提供劳动、创造价值并取得报酬的载体，还是依法缴纳税费的义务人。理顺企业与国家、投资者、经营者和其他职工之间的分配关系，建立有效的激励机制，对调动各方面的积极性，改善企业财务管理的内部微观环境，增强企业竞争能力和发展能力，具有重要意义。

五、规范重组清算财务行为，妥善处理各方权益

企业重组清算，是在市场经济条件下实行扩张经营、战略收缩或者增强内力而进行的资本运作措施。这是企业适应市场变化而采取的行动。在扩张经营情况下，企业资本聚集，资产和经营的规模增加，现金流量增大，业务部门或者分支机构增加，财务风险和管理难度也随之倍增。在战略收缩情况下，企业资本减少，资产和经营规模萎缩，现金流量变小，还可能关闭、出售所属机构或者业务部门，甚至对所属企业实施清算，以退出某一市场领域。在增强内力的情况下，企业对内部的业务流程进行改进，对内部机构和人员重新调整，对内部经济资源重新配置，以形成并提高企业整体竞争能力。

企业重组清算，不论是主动的，还是被动的，都必然产生一系列财务问题，引起现有利益格局的调整。因此，企业为了顺利实施重组清算，有效控制财务风险，应当妥善处理各项财务事项，维护国家、投资者、债权人和企业职工各方的合法权益。

六、加强财务监督，实施财务控制

财务监督就是根据法律、法规和国家财经纪律以及企业内部财务管理制度，对企业生产经营活动和财务收支的合理性、合法性、有效性进行调节和检查，以确保企业遵纪守法地实现发展战略和财务目标。由于企业的生产经营活动必须借助下价值形式才能进行，因此运用现金收支和财务指标实施监督，可以及时发现和反映企业在经营活动和财务活动中出现的问题。财务监督为实施财务控制、改进财务管理、提高经济效益提供了保障，是企业财务管理的一项保障手段。

财务控制就是以财务预算和制度规定为依据，按照一定的程序和方式，对企业财务活动进行约束和调节，确保企业及其内部机构和人员全面落实财务预算。其特征是以价值形式为控制手段，以不同岗位、部门和层次的不同经济业务为综合控制对象，以控制日常现金流量为主要内容。财务控制是企业落实财务预算、开展财务管理的重要环节。

七、加强财务信息工作，提高财务管理水平

财务信息管理是国家综合经济管理部门和企业经营者运用现代信息技

术和管理手段，对企业财务信息进行收集、整理、分析、预测和监督的活动。在企业财务管理中加强财务信息管理，就是要将计算机科学、信息科学和财务管理科学结合起来，对企业而言，在整合各项业务流程的基础上，对企业物流、资金流、信息流进行一体化管理和集成运作，从而加强财务管理的及时性、有效性和规范性，提高企业整体决策水平，对国家综合经济管理部门而言，加快企业财务信息收集、整理、分析过程，提高信息处理能力，及时监测企业经济运行状况，评估企业内部财务控制的有效性，更好地服务于国家宏观经济管理，并促进企业进一步改善财务管理状况，实现和谐健康发展。

　　财务信息管理，从计算机在财务中的运用，到建立财务业务一体化的信息处理系统，再到实现统筹企业资源计划，存在循序渐进的过程，需要具备一定的内外部条件。企业可以结合自身经营特点和所具备的客观条件，逐步推行信息化财务管理。主管财政机关要逐步完善企业财务信息体系，加强对企业经济运行情况的分析，探索建立企业财务预警制度，增强企业财务信息为宏观经济管理和决策的服务功能。

第二章 财务管理形式

第一节 财务管理的要素

财务管理的六大要素包括：资金筹集、资产营运、成本控制、收益分配、信息管理和财务监督。

一、资金筹集

筹集资金是企业生存和发展的必要条件，任何企业的诞生、存在和发展都是以筹集与生产规模相适应的资金为前提条件的。筹资的过程包括：首先根据企业投资规模和时机确定筹资数额，其次根据企业经营策略、资金成本和风险确定资本结构，然后根据筹资数额和资本结构确定资金来源，最后以合理和经济的方式、渠道取得资金。企业筹资必须遵循"规模适当、筹措及时、来源合理、方式经济"等基本原则。

二、资产营运

资产营运是企业为了实现企业价值最大化而进行的资产配置和经营运作的活动。资产的营运问题，在进行资产结构动态管理的前提下，开展现金流量管理、资产合理利用、资源优化配置、资产规范处置与资产安全控制等。具体内容包括：企业资金调度管理，销售合同的财务审核以及应收款项管理、存货管理、固定资产管理、对外投资管理、无形资产管理、对外担保和对外捐赠管理、高风险业务管理、代理业务管理、资产损失或者减值准备管理、资产损失与资产处理管理，关联交易管理等。

三、成本控制

成本直接影响企业的利润大小及职工的权益和福利，间接影响企业的社会责任和社会经济秩序。例如，管理者将企业的成本费用用于个人的不合理消费，就将减少企业的盈利，损害企业所有者的利益，逃避税收，损害国家的利益等。成本控制就是借助科学的方法，保障必需的支出，控制不合理的支出。具体内容包括：产品成本控制、期间费用管理、研发费用管理、社会责任的承担、业务费用的支付、薪酬办法、职工劳动保护与职工奖励、职工社会保险及其他福利、缴纳政府性基金等。

四、收益分配

企业的净利润主要是分配给投资者和用于再投资两个方面。如何在这两者之间进行分配，构成了企业收益分配的基本内容。一个企业的利润分配不仅影响其筹资、投资决策，而且还涉及国家、投资者、经营者和其他职工等多方面的利益关系，涉及企业长远利益与近期利益、整体利益与局部利益等关系问题。收益分配具体内容包括：企业收入的范围、股权转让收益管理、年度亏损弥补办法、利润分配项目和顺序、其他要素参与分配的财务处理。

五、信息管理

财务信息管理是指对企业的财务信息进行管理和运用的过程，其目的是为了实现企业的财务目标和经营目标。在财务信息管理过程中，需要通过对财务信息的收集、整理、分析和运用，为企业的决策提供支持和指导。具体来说，财务信息管理包括以下几个方面：

财务信息的收集和整理：包括企业各项财务数据的收集和整理，如会计账务、财务报表、财务分析报告等。

财务信息的分析和评估：对财务数据进行分类、统计和分析，为企业管理层提供有关企业财务状况详细信息和分析报告，以便管理层进行决策。

财务信息的应用和运用：将分析得到的财务信息运用到企业的各项决策中，如投资决策、融资决策、资产管理决策等。

财务信息的监督和控制：对企业的财务信息进行监督和控制，以确保财务数据的真实性、准确性和完整性。

财务信息的披露和沟通：向内部和外部相关利益相关方披露企业的财务信息，建立有效的沟通机制，以维护企业的信誉和声誉。

财务信息管理是企业管理中的重要环节，对企业的经营和发展具有至关重要的作用。

六、财务监督

财务监督是指对企业、政府或其他组织的财务活动进行监督、审查和监测，以确保其财务活动的合法性、合规性和透明度。财务监督的目的是保护社会公共利益，防止财务犯罪和腐败现象的发生，维护市场秩序和信用体系的正常运转。财务监督的内容包括财务数据的真实性、完整性和准确性，以及财务活动是否符合法律法规和规章制度的要求等。

财务监督的主要方式包括内部监督、外部监督和自我监督。内部监督是指企业内部对自身财务活动的监督，包括企业内部审计、管理层的自我监督和内部控制等；外部监督是指政府、市场机构、媒体、公众等对企业财务活动的监督，包括审计、财务报告的公开、行业自律等；自我监督是指企业自身对财务活动的监督，包括建立健全内部监督制度和完善公司治理结构。

第二节　财务管理的原则

财务管理的原则是企业组织财务活动、处理财务关系的准则，它是从企业财务管理的实践经验中概括出来的、体现理财活动规律性的行为规范，是对财务管理的基本要求。

一、收益风险均衡原则

在市场经济的激烈竞争中，进行财务活动不可避免地要遇到风险。财务活动中的风险是指获得预期财务成果的不确定性。企业要想获得收益，就不能回避风险，可以说风险中包含收益，挑战中存在机遇。风险收益均衡原则，要求企业不能只顾追求收益，不考虑发生损失的可能，要求企业进行财务管理必须对每一项具体的财务活动，全面分析其收益性和安全性，按照风险和收益适当均衡的要求来决定采取何种行动方案，同时在实践中趋利避害，争取获得较多的收益。

在财务活动中，低风险只能获得低收益，高风险则往往可能得到高收益。例如，在流动资产管理方面，持有较多的现金，可以提高企业偿债能力，减少债务风险，但是银行存款的利息很低，而库存现金则完全没有收益，在筹资方面，发行债券与发行股票相比，由于利息率固定且利息可在成本费用中列支，对企业留用利润影响很少，可以提高自有资金的利润率，但是企业需按期还本付息，需承担较大的风险。无论是对投资者还是对受资者来说，都要求收益与风险相适应，风险越大，则要求的收益也越高。只是不同的经营者对风险的态度有所不同，有人宁愿收益稳妥一些，而不愿冒较大的风险，有人则甘愿冒较大的风险，以便利用机遇谋求巨额利润。无论市场的状况是繁荣还是衰落，无论人们的心理状态是稳健还是进取，都应当对决策项目的风险和收益做出全面的分析和权衡，以便选择最有利的方案，特别是要注意把风险大、收益高的项目同风险小、收益低的项目，适当地搭配起来，分散风险，使风险与收益平衡，做到既降低风险，又能得到较高的收益，还要尽可能回避风险，化风险为机遇，在危急中找对策，以提高企业的经济效益。

二、利益关系协调原则

企业财务管理要组织资金的活动，因而同各方面的经济利益有非常密切的联系。在财务管理中，应当协调国家、投资者、债权人、经营者、劳动者的经济利益，维护有关各方的合法权益，还要处理好企业内部各部门、各单位之间的经济利益关系，以调动它们的积极性，使它们步调一致地为实现企业财务目标而努力。企业内部和外部经济利益的调整在很大程度上都是通过财务活动来实现的。企业对投资者要做到资本保全，并合理安排红利分配与盈余公积提取的关系，在各种投资者之间合理分配红利，对债权人要按期还本付息，企业与企业之间要实行等价交换原则，并且通过折扣和罚金、赔款等形式来促使各方认真履行经济合同，维护各方的物质利益；在企业内部，厂部对于生产经营经济效果好的车间、科室给予必要的物质奖励，并且运用各种结算手段划清各单位的经济责任和经济利益，在企业同职工之间，实行核劳分配原则，把职工的收入和劳动成果联系起来，所有这些都要通过财务管理来实现。在财务管理中，应当正确运用价格、股利、利息、奖金、罚款等经济手段，启动激励机制和约束机制，合理补偿，奖优罚劣，处理好各方面的经济利益关系，以保障企业生产经营顺利、高效地运行。处理各种经济利益关系，要遵守国家法律，认真执行政策，保障有关各方应得的利益，防止搞优质不优价、同股不同利之类的不正当做法。

在经济生活中，个人利益和集体利益、局部利益和全局利益、眼前利益和长远利益也会发生矛盾，而这些矛盾往往是不可能完全靠经济利益的调节来解决的。在处理物质利益关系的时候，一定要加强思想政治工作，提倡照顾全局利益，防止本位主义、极端个人主义。

三、分级分权管理原则

在规模较大的现代化企业中，对财务活动必须在统一领导的前提下实行分级分权管理。统一领导下的分级分权管理，是民主集中制在财务管理中的具体运用。

以工业企业为例来看，企业通常分为厂部、车间、班组三级，厂部和车间又设立若干职能机构或职能人员。在财务管理上实行统一领导、分级分权管理，就是要按照管理物资同管理资金相结合、使用资金同管理资金相结合、管理责任同管理权限相结合的要求，合理安排企业内部各单位在资金、成本、收入等管理上的权责关系。厂部是企业行政工作的指挥中心，企业财务管理的主要权力集中在厂级。同时，要对车间、班组、仓库、生活福利等单位给予一定的权限，建立财务分级管理责任制。企业的各项经济指标要逐级分解落实到各级单位，各单位要核算其直接费用、资金占用等经济指标，定期进行考核，对经济效益好的单位给予物质奖励。财务部门是组织和推动全厂财务管理工作的主管部门，而供产销等部门则直接负责组织各项生产经营活动，使用各项资金和物资，发生各项生产耗费，参与创造和实现生产成果。要在加强财务部门集中管理的同时，实行各职能部门的分口管理，按其业务范围规定财务管理的职责和权限，核定经济指标，定期进行考核。这样，就可以调动各级各部门管理财务活动的积极性。

统一领导下的分级分权管理，包含专业管理和群众管理相结合的要求。企业财务部门是专职财务管理部门，而供产销等部门的管理则带有群众管理的性质。通常在厂部、车间两级设有专职财务人员，而在班组、仓库则由广大工人直接参加财务管理。统一领导下的分级分权管理，从某种意义来说，也就是在财务管理中实行民主管理。

四、资金合理配置原则

企业财务管理是对企业全部资金的管理，而资金运用的结果则形成企业各种各样的物质资源。各种物质资源总是要有一定的比例关系的，所谓资金合理配置，就是要通过资金活动的组织和调节来保证各项物质资源具有最优化的结构比例关系。

企业物质资源的配置情况是资金运用的结果，同时它又是通过资金结构表现出来的。从一定时点的静态来看，企业有各种各样的资金结构。在资金占用方面，有对外投资和对内投资的构成比例，有固定资产和流动资产的构成比例，有有形固定资产和无形固定资产的构成比例，有货币性资金和非货币性资金的构成比例，有材料、在产品、产成品的构成比例等。在资金来源方面，有负债资金和主权资金的构成比例，有长期负债和短期负债的构成比例等。按照系统论的观点，组成系统的各个要素的构成比例，是决定一个系统功能状况的最基本的条件。系统的组成要素之间存在着一定的内在联系，系统的结构一旦形成就会对环境产生整体效应，或是有效地改变环境，或是产生不利的影响。在财务活动这个系统中也是如此，资金配置合理，从而资源构成比例适当，就能保证生产经营活动顺畅运行，并由此取得最佳的经济效益，否则就会危及购、产、销活动的协调，甚至影响企业的兴衰。因此，资金合理配置是企业持续、高效经营的必不可少的条件。

只有把企业的资金按合理的比例配置在生产经营的各个阶段上，才能保证资金活动的继续和各种形态资金占用的适度，才能保证生产经营活动的顺畅运行。如果企业库存产品长期积压，应收账款迟迟不能收回，而又未能采取有力的调节措施，则生产经营必然发生困难，如果企业不优先保证内部业务的资金需要，而把资金大量用于对外长期投资，则企业主营业务的开拓和发展必然受到影响。因此，通过合理运用资金实现企业资源的优化配置，是对企业财务管理的一项基本要求。

五、收支积极平衡原则

在财务管理中，不仅要保持各种资金存量的协调平衡，而且要经常关注资金流量的协调平衡。

企业取得资金收入，意味着一次资金循环的终结，而企业发生资金支出，则意味着另一次资金循环的开始，所以资金的收支是资金周转的纽带。要保证资金周转顺利进行，就要求资金收支不仅在一定期间总量上求得平衡，而且在每一个时点上协调平衡。收不抵支，固然会导致资金周转的中断或停滞，但如全月收支总额可以平衡，而支出大部分发生在先、收入大部分形成在后，也必然要妨碍资金的顺利周转。资金收支在每一时点上的平衡性，是资金循环过程得以周而复始进行的条件。

资金收支的平衡，归根到底取决于购产销活动的平衡。企业既要搞好生产过程的组织管理工作，又要抓好生产资料的采购和产品的销售，要购、产、销一起抓，克服任何一种片面性。只有坚持生产和流通的统一，使企业的购产销三个环节互相衔接，保持平衡，企业资金的周转才能正常进行，并取得应有的经济效益。资金收支平衡不能采用消极的办法来实现，而要采用积极的办法解决收支中存在的矛盾。要做到收支平衡，首先，要开源节流，增收节支。节支是要节约那些应该压缩、可以压缩的费用，而对那些在创收上有决定作用的支出则必须全力保证。增收是要增加那些能带来较高经济效益的营业收入，至于采取拼设备、拼人力，不惜工本、不顾质量，而一味追求暂时收入的做法则是不可取的。其次，在发达的金融市场条件下，还应当通过短期筹资和投资来调剂资金的余缺。在一定时期内，资金收入不敷支出时，应及时采取办理借款、发行短期债券等方式融通资金，而当资金收入比较充裕时，则可适时归还债务，进行短期证券投资。总之，在组织资金收支平衡问题上，既要量入为出，根据现有的财力来安排各项开支，又要量出为入，对于关键性的生产经营支出则要开辟财源积极予以支持。这样，才能取得理想的经济效益。

六、成本效益原则

在企业财务管理中，既要关心资金的存量和流量，更要关心资金的增量。企业资金的增量即资金的增值额，是由营业利润或投资收益形成的。因此，对于形成资金增量的成本与收益这两方面的因素必须认真进行分析和权衡。成本效益原则就是要对经济活动中的资费与所得进行分析比较，对经济行为的得失进行衡量，使成本与收益得到最优的结合，以求获取最多的盈利。

我们知道，讲求经济效益，要求以尽可能少的劳动垫支和劳动消耗，创造出尽可能多和尽可能好的劳动成果，以满足社会不断增长的物质和文化生活需要。市场经济条件下，这种劳动占用、劳动消耗和劳动成果的计算和比较，是通过以货币表现的财务指标来进行的。从总体上来看，劳动占用和劳动消耗的货币表现是资金占用和成本费用，劳动成果的货币表现是营业收入和利润。所以，实行成本效益原则，能够提高企业经济效益，使投资者权益最大化，它是由企业的理财目标决定的。

企业在筹资活动中，有资金成本率和息税前资金利润率的对比分析问题，在投资决策中，有投资额与各期投资收益额的对比分析问题，在日常经营活动中，有营业成本与营业收入的对比分析问题，其他如劳务供应、设备修理、材料采购、人员培训等，无不有经济得失的对比分析问题。企业的一切成本，费用的发生，最终都是为了取得收益，都是以联系相应的收益进行比较。进行各方面的财务决策，都应当按成本效益的原则做出周密的分析。因此，成本效益原则在各种财务活动中广为运用。

第三节 财务管理的制度

一、财务制度的特点

第一，财务制度的本质是财务管理者意志的体现，表现了财务主体在财务管理上的能动性，是处理财务关系、约束财务活动的基本原则与规范。

第二，财务制度可分为正式约束制度和非正式约束制度。正式约束制度是人们有意识创造的一系列行为法则，而非正式约束制度是人们在长期交往中无意识中形成的，具有持久的生命力，如财务人员在处理财务活动和协调财务关系中所形成的职业道德等。

第三，财务制度与人的动机、行为有着内在的联系。任何制度都是人的利益及其选择的结果，所有的人都是在现实制度所赋予的制度条件中活动的，人们的任何社会经济活动都离不开制度，财务活动也不例外。不管是融资活动，还是投资活动，都必须受一定的制度约束。

第四，财务制度反映一种合约关系，无论这种关系是正式的还是非正式的，是显性的还是隐性的，是自愿履行的还是强制履行的。财务制度的合约关系规定每个人在财务行为中的权利与义务，界定了人们在财务行为中可以做什么与不可以做什么，谁违反了这些规则应受到什么样的惩罚，遵循了这些规则又可以得到什么样的补偿以及如何衡量人们是否违反了这些规则的标准。

第五，财务制度总是与特定的条件和时间相联系，因此，它只能在一定的时间和空间范围内发挥作用，也就是说它具有变迁性。

第六，财务制度随理财环境的变化而发展，所以面对多变的客观环境，财务制度的设计和选择对理财主体具有决定性的意义。

二、财务制度的功能

财务制度的功能指财务制度本身所具有的内在职能包括以下几个方面。

（一）提供激励与约束相容的机制

在财务制度中，激励的目的是调动代理人的积极性，鼓励其采取符合委托人最大利益的行为，以减少偷懒和"搭便车"的现象。财务运行有其目标，但目标仅仅表明财务活动的方向，如何达到财务目标还有赖于财务激励机制的推动。财务的激励机制就是利用一定的财务手段，例如所有者根据企业利润或股价提高的幅度给经理人员以现金或股票奖励，以激发经理人员采取维护所有者权益的财务管理行为动机。从企业内部来看，每个劳动者和责任单位都是一个利益主体，它们有共同的利益追求，也存在着利益差别，从而在共同利益基础上，形成以群体利益和个体利益、长远利益和现实利益、全局利益和局部利益，以及企业利益和社会利益之间矛盾统一的利益结构，形成现实和潜在的物质利益动力。财务管理利用财务手段，通过财务分配加以激励，使物质动力变为经营和财务活动的现实积极性，是激励机制发挥作用的主要表现形式。

我们认为，激励机制固然重要，但激励机制与约束机制二者相辅相成，不可偏废，否则就不可能形成激励与约束相容的机制。如果只有激励机制，没有相应的约束机制与之相配合，就难起到应有的效果。如果企业的财务活动不是受制于财务制度，而是直接受制于经理人员的随意控制，经理人员能够随意地操纵财务，甚至将企业的资财转移，据为己有，那么，较正常的合约规定的激励就不会发生作用。财务约束机制分为正式的和非正式的约束。正式的约束包括财务法规、财务治理结构的约束等。财务的法规约束是指通过一系列的法或制定一系列的规章制度，使财务行为合理化。而财务治理机制的约束是指通过明确合约规定各方的权力、责任、义务，并采取一定的监督措施使各自按合约的有关规定进行运作。非正式约束主要是指道德约束，即依靠社会舆论的力量，依靠人的信念、习惯、传统和教育的力量，引导人们使用善与恶、公正与偏见、伪与真等道德观念来评价企业财务行为，这是一种无形的力量。

（二）减少道德风险和逆向选择，降低代理成本

建立科学而可行的财务制度的目的在于通过制度安排来约束代理人的行为、成本，使代理人的效应函数与委托人的效应函数趋于一致。现代企业理论认为，企业是系列契约的组合，但由于信息的不完全性和未来的不确定性，导致了合约的不完全，即难以表明合约人的行为方式和结果。由于信息在合约各方的分配往往是不对称的，风险的分布也不均等，再加上监督的不完全，拥有和支配更多信息但尽量规避风险的代理人就可以通过减少自己的要素投入，或者采取机会主义行为来实现自身利益最大化。这种由于代理人采用机会主义行为给委托人所带来的风险就称为道德风险。逆向选择是指在委托人无法识别潜在代理人的条件时，越是劣质的潜在代理人越是容易成为现实的代理人，最终导致"劣币驱逐良币"的现象出现。例如，企业负债规模本应与企业的盈利能力正相关，但在信息不对称的情况下，当利率高时，盈利企业会停止贷款，依靠内部的积累补充资本，只有那些盈利率差、偿还可能性低的企业才会向银行申请贷款。所以在借贷市场上形成一种怪圈，越是效益好的企业贷款数额越低，而越是效益差的企业贷款数额越多。正是由于代理人的道德风险和逆向选择，如何保证委托人的利益，避免委托代理关系层次上的脱节，使代理人利益最大化目标统一于委托人利益最大化目标之下，就需要通过一系列的制度安排来得以实现。而财务制度是所有制度中最基本的和最重要的制度之一。

（三）财务制度的协调功能

制度是人们在社会分工与协作过程中经过多次博弈而达成的一系列契约的总和。制度的功能就是为实现合约各方的合作创造条件，保证合作的顺利进行。在两权分离的情况下，会产生所有者与经营者、所有者与债权人之间的矛盾。而企业的运作既不能脱离所有者和债权人提供的资本，也不可能脱离经营者的有效管理。也就是企业不能脱离各要素而孤立存在，它是各种要素的有机组合。所以，要使企业正常运作就必须使各要素进行通力合作。而制度就是各要素合作的桥梁。所以，财务制度的基本功能之一就是规范所有者、债权人、经营者之间的财务关系，并在财务的治理结构中设计一套有效的信息沟通制度，以减少信息的成本与不确定性，把阻碍合作得以进行的因素减少到最低限度。

三、公司财务制度的内容

（一）综合财务管理制度

该项财务管理制度是对公司重大的、综合的财务事项所制定的行为规范，属内部财务制度体系的最高层次。其主要内容如下。

1. 公司财务治理机构设置制度

包括：财务治理机构设置原则，各级机构财责、财权的划分，各级机构工作质量标准的内容及评估办法；各机构之间纵向管理与横向联系的制度和办法等。

2. 授权与任免制度

包括：各层次财务管理主体之间财责、财权的界定及其在各主要成员之间的分割，权、责分配的方式与程序，经营班子及各主要成员的能力评判方式与程序，公司主要财务负责人任免的能力标准与业绩标准，以及任免的办法与程序等。

3. 激励制度

包括：对经营班子经营业绩评定的内容、方法和程序，经营班子及各主要成员的薪酬标准、计算办法及支付方式。

4. 重大财务信息传递与监控制度

包括：财务信息重要性的界定标准，事前控制信息（如目标、预算等）制定及指令的方式与程序，事中重大差异信息反馈的方式与程序，事后财务业绩信息报告的方式与程序，各级财务监控主体的构建及各主体的监控职责权限、财务监控主体的工作标准及监控质量评估标准等。

5. 投融资管理制度

包括：投融资方案申请的方式及组织程序，投资方案可行性研究的内容、要求及组织程序，投资决策的权限归属与组织方式，投资预算跟踪控制的办法与程序，投资方案决算的管理办法及工作程序，投资项目经营效益评估的内容、办法和工作程序，融资决策的权限归属和组织方式，日常融资管理制度的内容、要求及工作组织等。

6. 资本运作管理制度

包括：增减注册资本方案制订及执行的组织制度与工作程序，配股送股方案制订及执行的组织制度与工作程序。公司合并、分立、改制等方案制订及执行的组织制度与工作程序，债券发行方案制订及执行的组织制度与工作程序等。

7. 收益分配管理制度

包括：收益分配原则，收益分配方案制订及执行的组织制度与工作程序。收益分配决策的权限归属与组织方式等。

8. 公司预算与重大财务收支管理制度

包括：公司预算管理的组织制度与工作程序，重大财务收支共审与联签的办法和程序等。

（二）日常财务管理制度

该制度是针对公司具体财务事项和日常财务运作所制定的财务行为规范，其主要内容如下。

1. 收入管理制度

包括：主营业务收入计划制订与分解的管理办法，主营业务收入计划执行的跟踪控制办法，主营业务收入计划调整的管理办法，主营业务收入计划执行结果的分析、考核办法，其他业务收入（如处置多余材料收入、出租包装物及固定资产收入等）的管理办法，营业外收入（如报废固定资产的残值收入、出售固定资产收入、在建工程中的变价收入、三废治理收入等）的管理办法，对外投资收益的管理办法等。

2. 资金收支结算制度

包括：库存现金限额管理办法，银行账号管理办法，银行资金收支监控办法，资金收支预算跟踪控制办法，资金收支预算的调整办法，资金收支预算执行情况的分析、评价及考核办法，资金收支结算的管理办法，资金结算的账务处理办法等。

3. 费用开支管理制度

包括：费用责任指标的分解和归口管理办法，费用预算执行的跟踪控制办法，费用预算调整办法，费用总额控制办法，借支管理办法；费用报销的管理；费用预算执行情况的分析、评价及考核等。

4. 工资及福利费管理制度

包括：工资方案的制订办法，工效挂钩办法，工资结算的管理办法，职工福利费使用的管理办法。工资及福利费预算执行的跟踪控制办法，工资及福利费预算调整的管理办法，工资及福利费预算执行情况的分析、考核办法等。

5. 存货管理制度

包括：存货分类及责任归口办法，存货资金定额管理办法，存货资金占用的跟踪控制办法，采购批量管理办法，存货盘存管理办法，存货资金占用的分析、评价及考核办法，存货盈亏报批处理的管理办法等。

6. 固定资产管理制度

包括：固定资产分类及归口管理办法，固定资产维修管理办法，折旧基金管理办法，固定资产更新改造管理办法，固定资产利用效率评估办法，固定资产清查的管理办法，固定资产盈亏报批处理的管理办法，固定资产报废清理的管理办法等。

7. 在建工程的管理

包括：工程预算管理办法，工程资金结算管理办法，工程决算管理办法，工程完工结转固定资产的管理办法，工程损失核销的管理办法等。

8. 应收账款及应收票据管理制度

包括：应收账款目标管理办法，应收账款催收的管理办法，客户信用评估办法；账龄分析制度或办法，坏账计提或核销的管理办法；应收账款管理目标执行的跟踪控制办法，应收账款管理目标完成情况的分析、考核办法，商业汇票的备查登记与实物管理办法，应收票据贴现管理办法等。

（三）成本控制制度

该制度是针对公司内部各级生产经营单位的成本管理所制定的行为规范。其主要内容如下。

1. 采购成本控制制度

包括：材料物资计划成本管理办法，材料物资采购费用控制办法，材料物资计划成本执行情况的跟踪控制办法，材料物资成本差异的分析与考核办法，外购材料物资损耗的处理办法等。

2. 生产成本控制制度

包括：生产成本核算制度、材料物资消费控制制度、工资费用控制制度、制造费用控制制度、废品损失控制制度和在产品及自制半成品管理制度。

（1）生成成本核算制度

包括：成本核算的组织形式，成本核算的基本原则，成本核算科目的设置与运用，成本计算的方法与程序，成本报表的种类及格式，报表报送的程序及基本要求等。

（2）材料物资消耗控制制度

包括：领退料制度及相应的凭证手续，材料费用的分配办法，材料物资消耗的计量办法，材料物资消耗定额的制定与修正办法，消耗定额执行情况跟踪控制的办法，消耗定额执行情况的分析与考核办法等。

（3）工资费用控制制度

包括：工时消耗定额的制定与修订办法，人工效率评估办法，工时消耗定额执行情况的跟踪控制办法，工时消耗定额执行情况的分析与考核办法，职工福利费的计提办法，小时工资率的核定与修订办法，工资及福利费的差异分析办法等。

（4）制造费用控制制度

包括：制造费用分类办法，制造费用预算管理办法，制造费用预算执行情况跟踪控制的办法与程序，制造费用差异的分析与考核办法，责任转账管理办法，制造费用分配办法等。

（5）废品损失控制制度

包括：废品分类及认定办法，废品损失构成及计算办法，废品损失的责任转账办法等。

（6）在产品及自制半成品管理制度

包括：在产品及自制半成品统计制度或办法，在产品及自制半成品内部转移的计量、验收制度或办法，在产品及自制半成品盘存的管理办法，在产品及自制半成品盘盈盘亏报批处理的管理办法等。

3.产品销售成本控制制度

包括：产成品销售发出的计量、验收制度或办法，产品销售成本的构成及计算办法，产成品盘存的管理办法，产成品盘点盈亏处理的管理办法等。

四、财务管理制度的制定

（一）企业财务制度制定的种类

按照企业财务制度制定的范围和内容不同，企业财务制度的制定可以分为全面性制定、局部性制定和修定性制定三种。

1. 企业全面性财务制度制定

企业全面性财务制度制定是对企业财务工作所应遵守的一切规范行为制度的制定。

通过制定，构成企业财务制度的基本框架，并产生一套完整的企业财务制度体系。由于全面性的企业财务制度制定内容复杂，涉及面广，制定难度大，制定质量要求高，头绪比较多，因此制定时应由总体制定到具体制定。总体制定是要对制定的企业财务制度内容和范围进行的总体规划，具体制定是在总体制定的基础之上，采用具体的程序和方法来完成总体制定的要求，用文字表格等形式做出详细具体的规定。总体制定和具体制定是两个紧密联系的环节，可以说总体制定是"纲"，具体制定是"目"。不进行总体制定，就无法具体勾画出企业财务制度的"蓝图"，不进行具体制定，就无法将"蓝图"变为现实，就不能形成企业财务制度。

2. 企业局部性财务制度制定

企业局部性财务制度制定是对财务工作的部分规范进行的制度制定，制定内容一般是原有财务制度中不具有的。其原因多是经营规模的扩大、经营范围的拓宽、经营方式的转变和管理要求的提高等。

3. 企业修订性财务制度制定

企业修订性财务制度制定是对原有的财务制度加以修改而进行的制定，例如固定资产的直线折旧法变为加速折旧法，坏账损失的直接核销法改为备抵法等。通过制定可以更新财务制度的部分内容。

局部性制定和修订性制定，一般制定面较小，制定内容较简单，因此主要是搞具体制定。但在制定时，必须与原有财务制度制定的内容协调配套。

（二）企业财务制度的制定模式

企业财务制度的制定虽然有大致相同的过程，但由于指导思想和思维方法不同，呈现出不同的模式。企业财务制度制定模式是对不同思路和风格的概括。企业财务制度制定的模式可以分成两大类：第一类是从企业财务制度所要达到的理想或目标的角度来分析的"目标模式"。第二类是从构成企业财务制度的主体的角度来分析的"构成模式"。

1. 目标模式

目标模式分为理性模式、渐进模式和综合模式。

理性模式追求企业财务制度制定的理性化和理想化，试图制定出最佳的方案，以最小的成本获得最大的收益。理性模式的意义在于：它努力使财务决策符合理性。该模式对决策理论的影响表明，通过对达到目标产生影响的成本、收益的资料的收集，加工等简单的活动，使决策更加合理，渐进模式的核心是改良。该模式认为，最佳化的决策理想是不现实的，为了选择最佳决策而精疲力竭地去追求极限，通常得不偿失。比较现实的选择不是最佳，而是"满意"，是能够达到目标水平的可以不断改善的企业财务制度。

综合模式的特点则是试图在两者之间追求最优化。理想的决策模式应体现五个特点：①重实质的一面，解决财务问题必须注重定性的方法；②既是理想的，又是渐进的，在企业财务制度制定过程中不必追求"纯洁"和极端；③着眼于经济理性，任何企业财务制度都应努力使资源利用的边际效应达到最大；④增加原企业财务制度制定阶段，也就是规范企业财务制度过程本身；⑤注意反馈。综合模式就是试图实现这些要点。

2. 构成模式

构成模式包括团体模式、精英模式、规章模式和系统模式。

团体模式强调企业财务制度是团体压力和团体间的利益均衡的结果。企业财务制度研究的一个重要课题是，众多财务问题中，哪些问题应受到企业的重视而被列入企业财务制度议程？企业为什么注意到了某些问题而忽视其他问题？团体模式对此做了回答。

精英模式强调少数人对企业财务制度有较大的影响。精英模式对企业财务制度制定的启示在于：随着社会发展的加快和财务问题的复杂化，对企业财务制度的制定者提出了更高的专业化要求。精英模式可以保证决策过程在专业化的基础上完成。

规章模式关注"形式"对"内容"的影响。合理的体制和决策过程对企业财务制度制定起着保证作用和促进作用，而不健全的体制则会妨碍企业财务制度制定的有效性。它特别关心的是如何通过改进体制来改进企业财务制度划定过程。

系统模式认为，企业财务制度是行政系统的产物，它注意企业财务制度划定的适应性、整体性和动态运动。

不同的企业财务制度模式适用于不同的企业财务制度对象、不同的企业财务制度期望，因此，不存在哪种模式最好的问题，它需要根据实际要求进行选择和综合。

（三）企业财务制度的制定机制

与工厂里的生产工艺对其产品质量和成本有重要影响一样，企业财务制度的质量也受到制定程序、制定机制的重要影响。因而完善企业财务制度制定机制是提高企业财务制度质量的一个主要手段。企业财务制度制定机制不只是简单起草和颁发，而是指企业财务制度目标确定、企业财务制度诞生、企业财务制度完善整个企业财务制度的制定过程及其运行方式。不同的企业财务制度其具体制定机制应该是有区别的，但是从最一般的意义上来说，企业财务制度的制定机制应包含六大环节。

1. 目标

企业财务制度目标是制定企业财务制度的前提。选择企业财务制度目标是项高度创造性的工作，是制定企业财务制度的起点，应该根据客观事物发展的实际情况，分析制定企业财务制度的必要性、可行性和重大效果，研究解决问题的多种方案，提出制订具体企业财务制度的计划。

2. 准备

企业财务制度准备主要是根据企业财务制度目标进行充分的调查研究，了解相关企业的财务制度，深入分析企业财务制度对象的现实情况，论证解决矛盾的多种方法，广泛征求有关专家、行家的意见，提出企业财务制度的具体内容，形成企业财务制度草案。

3. 效应预审

企业财务制度效应主要是指企业财务制度调节对象遵循或偏离企业财务制度要求的程度。为了达到预期的企业财务制度效果，就必须对企业财务制度（草案）可能产生的企业财务制度效应进行全方位的论证，根据企业财务制度质量要素即唯一性，客观性、封闭性等原则审查企业财务制度（草案）的水平，评估企业财务制度的质量，并结合具体企业财务制度要求和实际情况反复修正企业财务制度。企业财务制度效应预审是提高企业财务制度质量不可缺少的一个重要环节，是增加企业财务制度制定工作严肃性、科学性的一个重要措施。

4. 效应试验

企业财务制度效应试验是指企业财务制度正式颁发前进行小规模的实地施行试验或模拟施行试验，以检验对企业财务制度的主观预期和实际企业财务制度效应的偏差，最终形成成熟的企业财务制度。对于重大企业财务制度的施行试验可以是区域性的，对于一般企业财务制度来说，试验可以是模拟性的，即采用适当的方式获取对策效应的估计。企业财务制度效应试验是企业财务制度制定机制中一个主客观信息交流的重要环节，也是制定一项好的企业财务制度，避免企业财务制度失误的重要环节。

5. 生效

经过企业财务制度试验后，企业财务制度批准机构在对企业财务制度制定的全过程和企业财务制度本身进行审核后正式予以颁发。

6. 反馈

一项企业财务制度虽然经过严格的程序后才予以生效，但在实际执行过程中，必然会出现事先未能预见的新问题、新矛盾，出现种种对策和发现企业财务制度本身的问题。因此，完整的企业财务制度制定机制必须要求在企业财务制度生效后不断分析企业财务制度的正负效应，并根据企业财务制度目标适时地修正企业财务制度，补充企业财务制度或制定新的配套企业财务制度。通过反馈这一环节，使企业财务制度制定机制形成一个开放的对外做功的封闭回路。封闭原理是现代管理中的一项重要原理。企业财务制度制定机制不封闭就不可能是完善有效的。从严格的意义上来说，企业财务制度出现不适之处和出现对策是正常的，关键是制定者要真正对正在实施的企业财务制度的有效性和企业财务制度的质量负责，不断修正企业财务制度，没有反馈校正机制就不可能有最终成熟高效的好企业财务制度。

（四）企业财务制度制定的基本原则

财务制度制定是财务管理的一项基本建设，其质量直接影响财务功能的发挥，因此在制度制定时，必须以一定的原则做指导。

1. 财务管理与财务规律相结合的原则

一方面，财务管理活动贯穿于生产经营的全过程，它管理的各个方面是有机联系、共同制约和共同影响的，其对象具有系统性的特征。另一方面，财务管理行为要受到客观条件和客观规律的制约。因此财务制度的制定应注重财务管理的系统性和财务管理的规律性，使财务制度用系统的观点来考察财务活动，并体现财务管理者的意志、愿望、目的和动机与特定的社会经济条件的有机结合，使财务管理能充分认识、掌握和驾驭财务规律。

2. 权责利相结合的原则

企业财务活动涉及面宽，对企业生产经营活动影响大。企业财务活动组织得是否合理，财务关系处理得是否恰当，直接关系到企业的发展和经济效益的提高。财务制度的制定体现财务管理权责利的结合，如首先赋予企业应有的财务管理权限，并按照履行财务责任的情况给予应有的物质利益。

3. 原则性与灵活性相结合的原则

在市场经济条件下，国家为了确保整个国民经济的持续、高速，协调发展，并为每个企业不断发展创造良好、公平的竞争环境，必然制定相应的宏观财务法规政策，这些宏观法规政策既体现了市场经济发展的方向，又反映了宏观上管理市场经济的要求。置身于市场经济大环境之中的企业管理，属于宏观管理调控、指导下的微观管理。而作为企业管理重要组成部分的企业财务管理，理所当然地要在国家财经法规政策的指导下进行。因此国家的财经法规是企业必须遵守的原则规定，也是企业制定财务制度的制约、导向因素之一，企业在制定财务制度时必须坚持其原则性。但企业人、财、物、信息各因素，供、产、销各过程，筹资、投资、用资、收回与分配资金各环节，交错形成多个变量，综合发挥作用，因此财务制度制定要有利于根据其目标、任务，理财环境、人员素质的高低等因素的变动而具有灵活性。

4. 适应企业特点和管理要求的原则

企业财务制度制定既要遵循国家的统一规定，又要充分考虑企业本身的生产经营特点和管理要求，使其具有较强的可操作性。特别是国家赋予企业的理财自主权，企业应在其财务制度中具体化，凡是可由企业进行选择的财务事项，企业应根据国家统一规定并结合企业自身的生产规模、经营方式、组织形式等方面的实际情况做出具体规定。特别应指出的是，在制定企业财务制度时，切忌盲目照抄照搬。由于各企业的生产经营规模、经营范围、生产经营过程和管理要求等方面存在差异，各企业的财务制度只能借鉴吸收而不能简单模仿。如果不注意这一点，制定的企业财务制度必然适应性弱、指导性差，甚至将企业的财务工作引入歧途，导致事倍功半。

5.稳定性和连续性相结合的原则

一般来讲，制度要具有稳定性与连续性，不能朝令夕改，但它有一个更重要、更突出的特征，即要由实践来检验。凡被实践证明是正确的，就必须坚持，就具有稳定性和连续性，凡被实践证明不能实施的，就必须修订甚至抛弃，不能笼统地看待稳定性和连续性。

6.效益性原则

财务制度制定的目的就是规范财务行为，保证财务目标的实现，但不能因规范财务行为就不讲运行质量和工作效率，而应该在满足财务管理要求的前提条件下使财务制度制定更简洁明了，更具有操作性。为此，在进行财务制度制定时，要考虑其制定和运行成本与效益的关系，实现成本与效益的最佳组合。为了提高运行效率，在制定财务制度时，要考虑应用现代科学技术和方法、手段，以节约运行成本，取得更佳的效益。

（五）企业财务制度制定的科学依据

制度并不研究客观事物的发展过程，但是制度要正确，就必须依据客观规律和客观条件，绝不能主观臆断，闭门造车。财务制度制定的依据可分为理论依据和实践依据。现实中执行的各项制度，从根本上说都是理论与实践结合的产物。因此财务制度的制定一方面要依赖于财务理论的指导。因为财务制度要解决的是一系列复杂而重要的企业经济关系问题，由于各企业的经营管理特点和观念不同，因而解决问题的途径、方式，方法和采取的制度亦不同。无论什么样的企业要解决财务管理问题都要依赖理论的指导，只有在正确的理论指导下，才能真正发现问题，科学地认识、了解和把握问题的全貌和本质，进而制定出正确和有效的解决问题的制度。同时只有按照现代财务理论的指导思想，运用当代财务科学所阐明的基本原理及基本方法，才能实现财务制度制定的科学化、民主化要求，这就是财务理论对于制度制定的极端重要性。要体现客观条件的要求，具体表现为以下方面：①企业的生产经营特点、管理要求是财务制度制定的前提和基础。不同的企业，生产规模、经营方式、组织形式不同，其财务活动的方式和财务管理人员的素质也不可能完全一致。因此只有在充分考虑其生产经营特点和管理要求的基础上制定的财务制度才能具有可操作性，才能将国家赋予的理财自主权落到实处。②企业的根本利益、财务管理的目标，是财务制度制定的出发点和归宿。财务制度制定的目的是顺利执行财务工作，实现财务目标，进而实现企业目标。企业财务目标是企业财务管理实践所期望的结果，是构建企业财务运行机制的方向和标识，是人们赖以选择各种理财手段的依据和标准。因此财务制度的制定必须体现有利于财务目标实现这一基本的要求，否则，财务制度就会失去其生命力。③系统的调查研究、科学的分析，是财务制度制定的中心环节。通过调查研究，掌握大量的事实材料，并对事实材料进行认真的、科学的研究、分析、综合、判断，弄清问题的主要矛盾，关键环节以及同其他有关问题的有机联系和相互依存关系，进而揭示和掌握问题的本质及发展变化规律，并在此基础上制定的财务制度才具有实用性。可见，面对问题的事实材料进行科学的研究分析是制定财务制度的中心环节。

（六）企业财务制度制定的方式

根据企业财务人员的业务素质、知识水平情况，财务制度的制定可以采用自行制定、委托制定和联合制定等方式。

1. 自行制定

自行制定是由本企业的财务人员独立制定企业的财务制度，从长远的角度看这是企业财务制度制定的主要方式。其优点是：企业财务人员了解企业各方面的情况，熟悉企业供产销各种业务和人财物各种要素，容易得到企业各职能部门和有关人员的支持和配合，且能够节省制定时间和节约制定费用，便于财务制度的落实和贯彻。其缺点是：制定人员容易受传统习惯的影响，不利于大胆革新，借鉴吸收新知识、新经验和新做法。如果制定人员的学识水平达不到要求，就难以提高财务制度的质量。

2. 委托制定

委托制定是制定财务制度的企业，委托社会上的财务咨询服务机构为企业制定财务制度。无论是国内还是国外，无论是现代还是将来，为企业制定财务制度都是财务咨询服务机构的一项重要业务。其优点是：制定人员业务水平高，知识面宽，革新精神强，便于通过制度的制定促进企业的财务工作。其缺点是：不易得到企业各方人员的配合，对企业的了解较少，难免使制度的某些内容脱离企业的实际，从而削弱财务制度的指导作用。

3.联合制定

联合制定是以企业的财务人员为基础，聘请制定财务制度的专家指导，共同制定企业的财务制度。这样有利于充分发挥自行制定和委托制定的优点，克服各自的缺点，相互配合，取长补短，使企业财务制度更加科学完善，把财务发展的最新动向和相关知识及企业的实际情况充分体现在企业的财务制度制定之中。

（七）企业财务制度制定的方法

企业财务制度制定的方法就是制定制度的机构和人员所采用的应对或解决面临的制度问题的途径和方式。其基本方法包括以下几种。

1.系统分析法

系统分析法就是把系统论、信息论和控制论的现代理论、技术、手段，运用于财务制度制定的一种方法。财务制度制定的系统分析的基本要求和基本特征表现在：首先，要把财务管理作为一个"控制中心"，其活动的最终目的就是保证企业经济效益的提高，达到提高目的的主要机制就是发挥财务管理的主导作用。其次，财务管理系统的结构，由母系统和各子（分）系统所组成（通过划分责任确立），各子系统之间与母系统之间都是相互联系、相互作用的，但又各有相对的独立性。因而财务制度制定就必须体现出总制度与各项具体制度的区别与联系，必须从整体的、长远的目标出发制定总制度，又需要从全局出发制定各项具体制度，并正确处理它们之间的各项关系。最后，财务管理系统所包含的多个子系统，不仅表现为横向的结构性，而且也表现为纵向的层次性，这就是企业与企业、企业与国家、企业与内部各部门和职工个人之间的关系。制度制定就必须从这些客观实际出发，注重上下、左右协调，达到制度制定和执行的科学性、可行性和协调稳定性。

2.定性分析和定量分析相结合的方法

财务制度制定的定性分析就是区别财务管理对象的不同性质及其发展变化，并由此决定不同的制度及其发展变化的方法。它是以已有的实践经验为基础，研究新的任务和条件，判断制度的正确性、可行性和有效性，以调动财务管理人员的积极性。财务制度制定的定量分析法也是一种选优的方法，具体就是在收集、整理、分析大量的资料和信息的基础之上，就制度的目标选择、方案制订、效果预测、标准确定和模型建立提出意见，并进行计算机模拟，然后选择出最优的制度，定量分析主观随意性大。定量分析可以为制度制定提供可靠的数据，提高制度制定的科学性和操作性，但工作烦琐，且有的影响因素不能量化。因此，财务制度制定时，应将定性分析和定量分析恰当地结合起来，以定性分析为基础，进行定量分析，使定量服务于定性。

3. 比较分析法

比较分析法的基本要求在于：对不同国家和地区的财务制度进行比较，对不同时代和时期的财务制度进行比较，通过对财务制度的比较研究，探索制度的本质和发展规律，并在此基础上进行财务制度的制定。其优点是：可以做到古为今用、取长补短，并有利于制度的实用性。

4. 社会试验法

一项新的制度的制定和实施，往往要先做试验，取得经验，再全面推广。财务制度制定的社会试验、基本要求和基本特征表现在：首先，要通过系统而周密的调查，确立制度试验的对象，选择制度试验的模式，制定制度试验的方案和措施，并预测其发展和变化。其次，在整个制度的试验过程中都要始终进行目标管理，紧紧围绕财务制度的总目标，及时总结经验，捕捉信息，发现问题，及时修正，以求得制度的有效性和可靠性。再次，由于财务制度所要解决的问题具有不同的性质范围，进行制度制定的具体要求、条件、形式、方法各有不同，因此应当因地、因时、因事而异。

（八）企业财务制度制定的程序

制定合理的企业财务制度，不仅要有科学的依据，而且要有科学的决策程序。科学的决策程序是使企业财务制度具有科学性的重要保证。一般而言，制定一项企业财务制度，应从问题的分析或重新认定开始。财务问题的提出有各种渠道，并不一定是企业财务制度制定者所为，但是要为解决某一企业财务问题而去研究企业财务制度方案时，企业财务制度制定者须首先对问题进行澄清、界定或限制，使之更明确，更符合客观事实，之后应该确定解决问题要达到的目标或价值；再次是寻找、研拟各种可行方案，接下来是对确定方案进行分析、评估，预测可能的后果；最后由决策者做出抉择，确定一个要实施的企业财务制度方案。

财务制度制定是一个系统工程，它不仅是企业财务部门和财务人员的任务，而且是在企业厂长（经理）领导下，吸收生产经营管理各方面人员参加，由财务部门具体操作共同完成。制定时应按以下程序进行。

1. 准备阶段

准备阶段主要是确定制定的内容，落实、培训制定的人员，安排制定的进度，收集、整理资料。

首先，确定财务制度制定的范围，是进行全面制定、局部制定还是修订制定，并在此基础上确定出需要制定的具体内容。

其次，确定制定方式和人员，是进行自行制定、委托制定，还是联合制定。财务制度制定人员一般由财务管理人员、其他管理人员组成，并聘请有关专家指导。

对财务制度制定人员的业务水平要求是：要全面了解企业财务实务，深谙财务理论，通晓财务管理方法，熟悉相关政策、法令和财经纪律，并对制定单位的业务知识有较深的了解，安排制定工作进度，并编制工作进程，制定的时间既要力求节约，尽快完成制定任务，又要考虑周密，使新制定的制度行之有效，有利于提高财务工作效率，根据财务制度制定类型确定调查对象，主要调查与制定项目有关的业务活动，并收集相关资料，使制定人员做到心中有数。

2. 制定草案

制定草案阶段主要是确定制定方案和进行初步制定。首先，根据调查的结果，由财务部门的负责人主持，结合生产经营特点和管理要求对规划的财务制度制定方案进行分析，对准备制定的范围、内容、形式做初步界定。然后在制定方案确定以后，按制度制定分工落实具体的制定人员和完成时间，进行具体的起草工作。

3. 修改完善

修改完善阶段主要是进行试运行和局部修订。首先，财务制度起草完毕后，要广泛征求意见，并在此基础上进行一段时间的试运行，在实践中检验其可行性和有效性，并在此基础上对缺乏可操作性和不符合实际情况的条款进行修改完善。

4. 发布实施

发布实施阶段主要包括正式定稿和发布执行。首先，是在制定的财务制度经过一段时间试行修订后，表明其已达到预订的制定要求，正式定稿。

然后由企业法人代表签署，确定发布方式和正式执行的时间。

（九）企业财务制度制定应考虑的问题

企业财务制度制定要充分考虑到员工可能对其做出的反应，他们的反应可能受到制度制定的方式、在财务制度制定中的参与程度、沟通交流的方式、财务制度的表述形式及财务制度实施的方式等各方面的影响。

1. 认知

人的认知能力是存在差别的，对于同样一件事物，不同的人可能会有不同的理解。在财务制度制定中，可能会存在员工对目标理解及政策认识的差别。因此要求在财务制度的制定与实施过程中要充分考虑到人的这种认知能力的差别，进行广泛沟通与交流，以使对财务制度的认知误差风险提前释放，保证全体员工对财务制度的理解一致。

2. 个人目标

每个行为主体都具有各自的目标。这要求管理体系除了制定财务制度外，还要建立相应的激励与约束机制，或改变行为主体的目标函数，或改变行为主体实现目标最大化过程中的约束条件，促使各行为主体个人目标和财务制度目标的一致。

3. 参与

参与原则是一个被财务制度制定者经常忽略的原则。人总是存在一定程度的逆反心理，对于那些本应参与财务制度制定但事实上并没有能够允许作为财务制度制定者的人来说，他们很有可能会取消他对财务制度的通力合作和支持，而相反地，会进行些消极的抵触。所以，企业财务制度的制定应当让尽可能多的人参与进来，以保证财务制度制定的效率。

4. 愿望层次与目标

财务制度功能的实现被视为成功，而财务制度功能未实现则被视为失败。这可能影响到激励和士气。从目标的一般性看，激励是通过提高行为主体的动机力量来实现的。动机力量是指动机的强度，即调动行为主体积极性和激发行为主体内在潜力的力度。因而财务制度制定在设定目标时、要仔细进行斟酌，不能太高，也不能太低，力争使动机力量最大化。

5. 借口

在财务制度的实施中一定要注意实事求是，认真地对待财务制度的每一个批评。如果确实是财务制度存在的问题，则要对财务制度进行调整，如果不是财务制度的问题，而是行事者的行为出现了偏差，则一定要对该行为主体进行一定的惩罚，保证财务制度的权威性。

6. 强加

如果管理当局"自上而下"地强加财务制度，那么"在下面工作"的人员动员与解释工作，避免简单粗暴的工作作风，减少制度推行的阻力。

五、财务制度控制

（一）财务制度控制的原则

1. 确保制度的适应性

该原则包括两个方面：①公司内部财务制度对国家统一财务制度的适应性，即公司内部财务制度应是依据国家统一财务制度制订的，能体现统一财务制度规范的要求，避免出现与统一财务制度相矛盾或相抵触的条款。②公司内部财务制度对公司管理特点及管理要求的适应性，即公司内部财务制度的制订应体现公司在内部组织结构、管理层次等方面的特点以及优化公司财务管理的客观要求，防止形式化。

2. 确保制度的完整性和系统性

财务制度的完整性是指所制订的内部财务制度应涵盖所有财务行为，使每一项财务行为都能找到相应的制度予以规范。系统性是指所制订的内部财务制度应在纵向上具有层次性，在横向上体现协调性。纵向层次性是指财务制度在层次上应体现从综合到具体的逻辑关系（这种逻辑关系对一般性公司而言）。横向协调性是指同一层次上的财务制度应是相互独立，而又相互衔接、相互吻合的，避免相互交叉或重复，特别应防止出现同一财务行为存在多个相互矛盾或相互抵触的制度条款的现象。

3. 确保制度的严肃性

该原则包括两层意思：①公司各级财务人员在行使财务行为时，应严格按财务制度的规定执行，没有合理理由，不得违反制度规定。这里的"合理理由"主要指制度本身存在缺陷（如制度条款之间相互矛盾、制度明显有失公平等），或因公司内外环境变化而使制度规定不再适用。而无论何种理由，均应由制度的制定机构予以认定。②当行为主体违反制度规定而又没有合理理由时，应严格执行惩罚措施，包括经济惩罚和行政处罚等。

（二）财务制度控制的程序

公司财务制度控制的程序大致可分为以下三个步骤。

1. 制定和颁布财务制度

原则上公司综合财务管理制度由公司董事会根据国家统一财务制度制定，由监事会审阅，在经股东大会审议批准后颁布实施，日常财务管理制度、成本管理制度则由公司经理班子根据国家统一财务制度及公司综合财务制度制定，由内部审计机构及财务总监审阅，在报公司董事会批准后颁布实施。对于规模较大、内部管理层次多的一些大型集团公司，还应分层次制定财务制度，如集团所属分（子）公司根据总公司颁布的财务制度制定与本单位经营特征及管理要求相适应的日常财务管理制度和成本管理制度；生产厂或营业部根据分（子）公司的财务制度制定内部成本管理制度或费用控制制度等。

2. 执行财务制度

执行财务制度是各级财务行为主体以财务制度为依据，实施自我约束和调节的行为过程，从控制性质看，它是一种行为控制，从控制时间看，它是一种事中控制。要确保财务制度的有效执行，必须具备一些基本的前提条件，主要有：加强对财务制度的宣传教育，使各级财务行为主体熟悉财务制度，强化财务行为主体的法规意识和职业道德修养，使他们能够自觉依法按规行事，有完善的奖惩办法和严格的奖惩程序，使各级财务行为主体具有依法按规行事的内在动力和外在压力。

3. 检查制度执行情况

要使公司财务制度能有效执行，有赖于建立健全严格的检查、监督制度并执行相应的程序。财务制度执行情况的检查监督原则上应由公司内审机构组织有关人员进行，检查时间可采取定期检查和适时检查相结合。在制度执行情况的检查中，对偏离制度的行为应进行客观分析，明确是制度本身的问题还是执行行为的问题，若属于制度本身问题，应及时修正和完善制度，若是执行问题，则严格执行奖惩程序，以维护制度的严肃性。

第四节　财务管理工作的组织

企业究竟采取什么样的形式来管理自身的财务活动，直接关系到企业的生存与发展，不同类型的企业，其财务的组织形式和财务的分层管理的形式是不同的。

企业是市场经济的主体，企业组织形式的不同类型决定着企业的财务结构、财务关系、财务风险和所采用的财务管理方式的差异。企业财务管理必须立足企业的组织形式。

公司会计机构的设置受制于公司的治理结构、会计人员管理体制、企业会计系统的职责和财务总监的地位。

与此相适应，"董事会领导下的财务总监制度"和"财务总监领导下的会计人员委派制度"构成企业会计体制的核心内容，成为公司设置会计机构的主要指导原则。

主要包括：建立企业财务管理法规制度；完善企业财务管理体制，健全企业财务管理机构。

一、企业财务管理体制、权限和责任

（一）企业财务管理体制

企业财务管理体制是协调企业利益相关主体之间财务关系的基本规则和制度安排，是构建企业财务管理制度的基础和框架。

企业财务管理体制的确定过程是企业财权的分配调整过程，直接决定了财务管理机制和具体财务制度的构建。

1.企业财务管理体制的分类

（1）按企业财务管理体制的权限

可分为集权式财务管理体制、分权式财务管理体制和集权分权相结合的综合式财务管理体制。

所谓集权和分权，分别指企业管理当局对企业资金、成本和利润及其分配的控制程度。

集权式财务管理体制模式是一种高度集中的财务管理体制。它是将企业资金、成本和利润及其分配的控制权限高度集中在公司最高管理层，公司的中、下层没有任何决策、支配及控制的权利，只有有限的管理权限。这种责、权、利不对称的管理体制不利于调动中、下层管理者的积极性。该体制对企业规模小、品种单一、生产步骤少的中、小型企业较为适用。然而在网络经济时代，出现了一种新的趋势，即集中管理的财务模式成为众多大中型、多层级集团企业追捧的对象。其原因在于计算机网络缩短了企业在空间和时间上的距离，使无论多么分散的空间距离和多么复杂的管理问题，都能迅速转换为及时信息，并在瞬间完成传递，故企业中实施集权式管理更有利于管理效率和控制质量的提高。

第二种是完全分权式的财务管理体制。它有利于调动企业内部各级管理者和各责任单位的积极性，便于把企业内部各部门、各单位的资金、成本同其工作业绩直接挂钩，便于实现责、权、利的统一，但这种模式对涉及全局的重大决策难以协调，不利于企业统一处理对外关系、统一研究战略规划。

第三种模式是资金集权、成本分权的财务管理体制。它是一种较为理想的管理体制，它按照集权和分权相结合的管理思想，把财务（主要是资金）大权统一掌握在企业管理当局，便于统一调动、统一融通、成本管理实行分级管理，分口把关，抓住了成本管理的要害。

（2）按财务管理体制涉及的范围

可分为宏观财务管理体制和微观财务管理体制。

宏观财务管理体制：它是协调财政部门与企业之间财务关系的基本规则和制度安全规章、规范性文件等形式予以确立，旨在对企业符合市场需求的行为予以引导和扶持。

微观财务管理体制：企业内部财务管理体制，它是规定企业内部财务关系的基本规则和制度安排，主要由投资者和经营者通过企业章程、内部财务制度等正式或非正式的契约确立。

（3）按财务管理的内容

企业财务管理体制可分为资金管理体制、成本管理体制和利润分配管理体制。企业财务管理的对象是企业资金及其运动规律，企业的生产经营过程实际上也是资金持续不断的运动过程，对企业资金筹措、使用、分配是企业财务管理的主要职能，因而资金管理体制和利润分配体制是企业财务管理体制中的主要部分。

成本管理则是对企业资金耗费的管理。从表层上理解，资金及利润分配管理要向企业外部提供财务信息，成本管理的结果只向企业内部管理当局提供信息，且有关信息属于企业的商业秘密，两者的管理、服务对象均有所不同。其实，从广义上看，财务管理包括资金筹集管理、资金营运管理、成本费用管理、销售收入管理、企业纯收入管理和财务收支管理。"财务管理利用资金、成本、收入等价值指标来组织企业中价值的形成、实现和分配，并处理这种价值运动中的经济关系。"所以，从广义的财务管理观点出发，企业财务管理体制包括资金管理体制、成本管理体制和利润分配管理体制。

2. 企业内部财务管理体制的主要责任

企业内部财务管理体制的主要责任是在特定经济环境下正确处理企业同内外各方面经济利益关系，因而它主要包含以下五个方面的内容。

（1）确定与企业内部经营组织形式相关的财务管理体制类型

企业的生产技术特点和经营规模的大小不尽相同，因而，各企业内部的经营组织形式也就有所不同，不同的企业内部经营组织形式决定不同的内部财务管理体制。

（2）确定与企业内部各财务管理单位的经济责任相适应的财务责任

企业内部各财务单位所承担的经济责任不同，其财务责任也应有所区别。因而，对于完全独立生产经营的成员企业，在财务上应该承担自负盈亏的责任，而相对独立生产经营的内部单位，应根据其是否具有相对独立的生产经营能力分别确定财务责任，并以指标分解的形式落实，例如，在资金管理方面，要为企业内部各部门、各层级核定流动资金占用额、利用效果和费用定额指标。车间、仓库对占用的流动资金要承担一定的经济责任并定期进行考核，对超计划占用的流动资金应支付相应的利息。同时，应为各部门核定收入和支出的指标，使收入对比支出，确定经营成果，并将成本或费用指标分解落实到各车间和部门，作为支出的计划指标。各车间生产的产品和半成品以及各部门提供的劳务均应按照内部结算价格结算支付，作为车间和各部门的收入指标。在利润管理方面，应将企业利润分解以确定内部利润，使车间、部门利润与企业利润相挂钩。

（3）确定与企业内部财务管理单位财务责任大小相一致的财务权限

由于部分内部成员企业能够承担自负盈亏的责任，因而，应该给予独立进行筹资、投资、成本费用开支与收益分配的财权，对于相对独立的企业内部各部门则分别给予投资决策权、内部利润取得与分配权以及成本费用的开支与控制权。

（4）根据内部结算价格计价结算，确认各单位履行职责的好坏

企业内部的材料和半成品的领用、使用劳务、半成品和成品的转移等都要按照实际数量和内部转移价格进行结算，并且采用一定的结算凭证办理相关手续，以划清各自的收支，分清经济责任，便于奖惩。因而，要求企业应制定完善的内部价格以及内部结算办法并建立内部结算中心。

（5）根据承担的财务责任的大小以及履行情况来确定物质利益的多少

对承担自负盈亏的内部成员企业，其工资总额应由该成员企业控制使用，税后利润除向企业集团交纳一定管理费用外，应由成员企业按国家规定自主分配，而相对独立的内部单位，其工资总额由企业总部控制，与各单位完成责任指标挂钩的工资，可分别交由这些单位掌握使用，企业税后利润分配应统一由企业总部进行。

3.建立企业财务管理体制的基本原则

（1）资本权属清晰，即通常所说的企业产权明晰

企业产权是投资者通过向企业注入资本以及资本增值获得的企业所有权，在账面上体现为企业的所有者权益。企业产权明晰，就是要明确所有者权益的归属。例如，国有及国有控股企业应当取得国有资产产权登记证，明确其占有的国有资本金额及主管部门，公司制企业应当通过公司章程、出资证明书、发行记名或不记名股票等方式，明确其股东及出资额。企业产权明晰后，投资者"以本求利，将本负亏"也才成为可能。企业财务管理体制作为一项基础性的企业制度安排，首先应当明晰企业的资本权属。

（2）财务关系明确，指企业与财政部门的财务隶属关系应当是清楚的

除各级人民政府及其部门、机构出资的企业外的其他内资企业，包括集体所有制企业、私营企业和非国有控股的混合所有制企业，以及外商投资企业，一般按属地原则确定财务关系。即与企业工商注册的行政管理机关同一级次的财政部门，作为其主管财政机关。主管财政机关也可根据实际需要，授权下级财政机关行使财务管理职责。

（3）符合法人治理结构要求

企业财务管理体制是法人治理结构的重要组成内容，因此其设计应符合法人治理结构要求。法人治理结构是指明确划分投资者如股东会（包括股东）、董事会（包括董事）和经营者之间权力，责任和利益以及明确相互制

衡关系的一整套制度安排。由于现代企业制度下所有权和经营权的分离，设计合理、实施有效的法人治理结构，成为确保企业有效运作、各方权益不受侵害的关键所在。构建法人治理结构，应遵从法定、职责明确、协调运作、有效制衡等原则。企业在法律法规等国家规定的制度框架内，享有一定弹性。

4.影响企业财务管理体制的因素和条件

（1）宏观因素和条件

企业财务管理体制受众多宏观因素的影响和制约，对财务管理体制的形成具有决定性影响的宏观因素和条件主要有经济体制、经营机制和市场体系。财政、信用和保险体系的建立与完善，法制的健全和财务中介机构的完善对财务管理体制也具有一定的影响和作用。

经济体制是指在一定区域内（通常为一个国家）制定并执行经济决策的各种机制的总和。在市场经济体制下，通过供求关系安排和调节社会资源的配置，企业失去了对政府的依赖性，在市场竞争中求生存、求发展，客观上要求企业建立一套科学严密的财务管理体制，组织企业财务活动，增强企业的经济实力，竞争能力和盈利能力。

经营机制是经济体制的重要组成部分，是企业生产经营活动中各要素之间相互联系、相互作用、相互制约的内在方式。这种机制既体现了企业内在的经济关系，又显示了这种内在经济关系与企业机体外部所必然发生的经济关系。经营机制主要包括企业的人事组织活动、科学技术活动，生产经营活动、财务活动、会计活动及经济管理活动六个主要方面。这六个方面在机制运行中既相对独立，又在作用于目标的过程中协同一致，形成科学的机制运行体系。随着经济体制的变革，经营机制也会发生相应转换。市场经济体制下的经营机制，要求企业自主经营、自负盈亏、自我约束、自我发展、自我完善。经营者的责权利相统一，迫切要求建立充满生机和活力的财务管理体制，合理组织财务活动，实现财务管理目标。

完善的市场体系应当包括如下内容：

生产资料市场、资金市场、产权交易市场、商品市场、劳动力市场等各种市场。

市场应打破地区、行业限制，为各种生产要素跨地区、跨行业的流动提供可能。

比价结构合理，能正确、灵活地反映产品价值变化、供求变化，向企业提供真实信息，引导生产要素的合理配置。

健全的市场规则、秩序，有全面、具体的经济活动的法律规范，法律执行机关及监督机关具有相应的能力与权力，以保证市场正常、有序运转。

健全的市场体系为产权的转让、资产的流动与重组、原材料的供应及产品的销售提供了良好的条件，市场的有序和规律也有利于经济正常和稳定的发展。

（2）微观因素和条件

影响财务管理体制的微观因素和条件主要有现代企业制度的建立和完善，经营者知识结构的合理化，企业内部供、产、销各部门的密切配合和协调运行等。

现代企业制度使企业建立科学的财务管理体制成为可能，现代企业制度的基本特征是"产权清晰、权责明确、政企分开、管理科学"。产权清晰就是要明确企业的产权关系，明确投资主体，将所有者和经营者分开。权责明确就是要明确有经济利益关系各方的责任、权力和利益关系，责任大小要有相应的权力作保障，尽义务和享有利益相匹配，从而构建一套以效益为终极目标，以明确的责任关系为纽带的责权利体系。政企分开是指国有企业的终极所有权属于国家，国家作为投资者，只获取投资收益，而不参与企业的经营管理，将责权利关系落到实处，层层有目标，处处有措施，计划（预算）和控制兼用，激励与约束并重，考核与奖惩结合，以实现企业价值最大化。

经营者的知识结构是与经济发展阶段、生产力的发展水平有关的。在集约型的经济增长方式下，强调挖掘内部潜力，加强管理。因此，主要管理者的选聘应转向懂经济、精通市场营销和资本管理的人员。

企业内部存在三条流动线，即物资流、资本流和信息流。只有供产销等部门的密切配合，才能保证物资和资本在各个不同阶段的连续运转，才能保证生产的顺利进行，同时，也可以减少资金占用时间，加速资金周转，提高效益。信息流起到了及时为各项管理决策提供依据的重要作用。

5.企业内部财务管理体制模式的选择

由于企业内部财务管理体制是构建企业财务运行机制的基础和前提，因而如何合理选择企业内部财务管理体制就显得很重要。

（二）企业财务管理权限

1.资本权属与企业财务管理权限

在市场经济条件下，企业资金来源包括两大类：一类是所有者投资，形成企业的自有资金，另一类是通过金融市场的不同筹资渠道所形成的借入资金。自有资金的提供不仅满足了企业的基本资金需求，更重要的是由此界定了企业的产权归属，借入资金的提供不仅保证了企业的临时性资金需求，并使企业有了一定的扩张能力。在金融市场上，企业的筹资方式多种多样，有的企业采取发行股票和发行债券的方式筹集自有资金和借入资金，有的企业采取吸收直接投资筹集自有资金，又采取从金融机构借款的方式筹集借入资金。无论是何种形式获得的资金，企业都需要为筹资付出相应的代价。借入资金需要定期还本付息，自有资金需要支付股息、红利。因此，在资金进入企业形成资金周转起点的同时，企业就必须承担相应的经济责任。

企业的所有者是法定的主权资本投资人，企业所有者向企业投入主权资本，从而形成了履行义务，承担终极风险，享受投资收益分配的经济关系。资本提供者与企业之间的产权关系，企业实行资本权属清晰。

企业财务管理体制是企业财务管理内部环境的主导因素。企业财务管理体制的核心在于财权的配置，由此形成了财权配置不同的财务管理体制。在企业界，决定财务管理体制的既有客观因素，也有主观因素。从客观因素分析，不同的企业组织形式往往决定着不同的管理体制，不同的企业规模和行业领域也决定着不同的管理体制，从主观上分析，不同的管理观念决定着不同的管理体制，不同的人才素质结构也决定着管理体制的选择。

2.法人治理结构与企业内部分层次财务管理权限

企业应当按照国家有关规定建立有效的内部财务管理级次。在这里，我们必须明确的是：第一，企业内部财务管理的权力是分级次的；第二，这种分级次的财务管理权限应当符合法人治理结构的要求。

由此可见，财权的取得并独立化是一个组织能否成为财务主体的根本条件。没有财权的财务不能称为真正的财务，也就不可能形成财务主体。这就是说，产权与财权并不保持比例关系，每个公司股东按照投资的产权比例享有相同比例的公司财权是难以想象的神话，这个神话的最大危害就是将公司的财务搞乱。由此可见，公司财权起源于产权又独立于产权之外。

（三）企业财务管理职责

1.投资者的财务管理职责

（1）投资者具体职责的有关规定

企业是股东投资创办的，是投资人的企业，投资者才是企业真正的法律意义上的主人。只有投资者管理企业的职能不缺位，管理企业的职责才能真正落实到位。

政府可能具有双重身份。作为政府出面的宏观管理者，应当负责制定企业财务规章制度并对此加强监管，作为股东出面的微观投资者，还应当同企业的经理、厂长或者实际负责经营管理的其他领导成员一起履行企业内部财务管理职责。

此外，企业在改制、产权转让、合并、分立，托管等重组活动中，对涉及资本权益的事项，应当由投资者或者授权机构进行可行性研究，履行内部财务决策程序。

对于上述管理职责履行，投资者一方面应当通过股东（大）会、董事会、监事会成监事，或者其他形式的内部机构履行财务管理职责。另一方面也可通过企业章程、内部制度、合同约定等方式将部分财务管理职责授予经营者，通过对经营者的授权、约束、管理、激励、解聘等措施来达到履行财务管理职责的目的。金融企业按规定可向其控股的企业委派或者推荐财务总监。

以有限责任公司为例，介绍有关股东会、董事会、监事会的职权如下，供制定公司章程或有关文件参考。

（2）股东会的职权

有限责任公司股东会由全体股东组成。股东会是公司的权力机构，依照《公司法》行使下列职权：①决定公司的经营方针和投资计划；②选举和更换非由职工代表担任的董事、监事，决定有关董事、监事的报酬事项；③审议批准董事会的报告；④审议批准监事会或者监事的报告；⑤审议批准公司的年度财务预算方案、决算方案；⑥审议批准公司的利润分配方案和弥补亏损方案；⑦对公司增加或者减少注册资本做出决议；⑧对发行公司债券做出决议；⑨对公司合并、分立、解散、清算或者变更公司形式做出决议；⑩修改公司章程；⑪公司章程规定的其他职权。

（3）董事会的职权

有限责任公司董事会为常设机构，是由股东会选举产生的 3 ~ 13 名董事组成的公司经营决策及业务执行机构，对外代表公司。

董事任期由公司章程规定，但每届任期不得超过 3 年。董事任期届满，连选可以连任。股东会不得在董事任期届满前无故解除其职务。

（4）监事会或监事的职权

监事会或监事为公司常设的监督机构。

有限责任公司设监事会，其成员不得少于 3 人。股东人数较少或者规模较小的有限责任公司，可以设 1 ~ 2 名监事，不设监事会。

监事会应当包括股东代表和适当比例的公司职工代表，其中职工代表的比例不得低于 1/3，具体比例由公司章程规定。监事会中的职工代表由公司职工通过职工代表大会、职工大会或者其他形式民主选举产生。

监事任期届满，连选可以连任。监事任期届满未及时改选，或者监事在任期内辞职导致监事会成员低于法定人数的，在改选出的监事就任前，原监事仍应当依照法律、行政法规和公司章程的规定，履行监事职务。

监事会、不设监事会的公司的监事行使下列职权：①检查公司财务；②对董事、高级管理人员执行公司职务的行为进行监督，对违反法律、行政法规、公司章程或者股东会决议的董事、高级管理人员提出罢免的建议；③当董事、高级管理人员的行为损害公司的利益时，要求董事、高级管理人员予以纠正；④提议召开临时股东会会议，在董事会不履行本法规定的召集和主持股东会会议职责时召集和主持股东会会议；⑤向股东会会议提出提案；⑥依照公司法有关规定，对董事、高级管理人员提起诉讼；⑦公司章程规定的其他职权。

监事可以列席董事会会议，并对董事会决议事项提出质询或者建议。

监事会、不设监事会的公司的监事发现公司经营情况异常，可以进行调查，必要时，可以聘请会计师事务所等协助其工作，费用由公司承担。

监事会每年度至少召开一次会议，监事可以提议召开临时监事会会议。

2.经营者的财务管理职责

经营者的财务管理职责主要包括：①拟定企业内部财务管理制度、财务战略、财务规划，编制财务预算；②组织实施企业筹资、投资、担保，捐赠、重组和利润分配等财务方案，诚信履行企业偿债义务；③执行国家有关职工劳动报酬和劳动保护的规定，依法缴纳社会保险费，住房公积金等，保障职工合法权益；④组织财务预测和财务分析，实施财务控制；⑤编制并提供企业财务会计报告，如实反映财务信息和有关情况；⑥配合有关机构依法进行审计、评估、财务监督等工作。

经营者凭借企业法人财产的经营权行使财务管理职责。因此，明确经营者的财务管理权限分配尤为重要，它在企业内部控制中起着基础性的作用。分配权限时，投资者既要赋予经营者充分的自主经营权，又要对经营者的权力有适当的制衡。

（1）经营者财务管理职责内容

在企业正常经营情况下，经营者（包括企业经理、厂长以及实际负责经营管理的其他领导成员）直接掌握企业财务的控制权。围绕企业价值最大化的财务目标，经营者的财务管理职责表现在以下四个方面。

①执行投资者的重大决策，实施财务控制。按照企业章程和投资者的决策，组织实施企业筹资、投资、担保、捐赠、重组和利润分配等财务方案，拟定企业的财务战略、财务规划，编制财务预算，组织财务预测和财务分析；统筹运用企业资金，对企业各项资源的配置实施财务控制。

②保障债权人合法权益。诚信履行企业偿债责任，不得拖延履行甚至逃废债务偿付义务，维护企业的良好信用形象。

③保障职工合法权益。执行国家有关职工劳动报酬和劳动保护的政策规定，依法缴纳社会保险费、住房公积金等，按规定应由职工（代表）大会审议或者听取职工意见的事项，应当严格履行相关程序。

④遵守国家统一规定。根据国家有关企业财务管理的规章制度，拟定企业内部财务管理制度，编制并向主管财政机关和投资者提供企业财务会计报告，如实反映财务信息和有关情况，依法缴纳税费，配合有关机构依法做好审计、评估、财务监督等工作。

（2）履行经营者职责的主体

①公司的董事会和经理。董事会行使的职权包括拟定企业财务战略、财务规划，编制财务预算，组织实施重大财务方案，实施财务控制等，第五十条规定，经理行使的职权包括拟定企业内部财务管理制度，组织实施重

大财务方案，执行国家有关职工劳动报酬和劳动保护的规定，保障职工合法权益，组织财务预测和财务分析，实施财务控制，如实披露信息，配合有关机构依法进行的审计、评估、财务监督等工作，等等。

②全民所有制企业的厂长。全民所有制企业的厂长由政府主管部门委任或者招聘，或者由企业职工代表大会选举。厂长领导企业的生产经营管理工作，在企业生产经营中处于中心地位。企业设立管理委员会或者通过其他形式，协助厂长决定企业的重大问题，如经营方针，长远规划和年度计划，基本建设方案和重大技术改造方案，职工培训计划，工资调整方案，企业人员编制和机构的设置和调整，制定、修改和废除重要规章制度的方案等。

可以看出，公司中的董事会和全民所有制企业的厂长及其管理委员会（现实中大多为厂长办公会或经理办公会）相似，都同时承担了投资者和经营者的财务管理职责。

3. 财政部门职责

（1）财政部门负责加强对企业财务的指导、管理与监督

在市场经济中，政府管财务即"越位"行为，指政府规定企业能做什么、该做什么，以及什么时候做和怎么做的行为。

"缺位"行为指政府作为企业的股东，尤其是控股股东，该管的还是要管，特别应当对国有及国有控股企业"施加合理的约束"，目前看起来这种约束有时却显不足。"缺位"行为还表现在政府应兼顾的履行社会管理者职能有待完善。有专家指出，政府应该为企业在经济活动中涉及的财务行为提供指导与帮助，如随着资本市场不断深化，金融产品创新迭出，企业面临的财务环境日益复杂，以及各种身怀"财技"者也不断窥探企业的钱袋，如此等等究竟如何应对，政府因为"站得高，看得远"，应当为企业提供指导性的意见。

当然，还应当看到，目前企业也存在某种程度上的"越位"和"缺位"，在有些企业还表现得非常严重，在经营过程中存在投资者和经营者职责范围不清、管理不严等问题。

（2）地方财政部门对企业日常财务会计方面的监管工作

监管的内容一般有以下几项。

①会计人员要持证上岗。会计人员是企业财务管理工作的执行者，企

业财务管理工作的好坏与会计人员素质高低关系密切。所以，企业的会计人员必须具备一定的会计知识，并熟悉相关的财经法规。

②依法建账，规范企业的会计核算行为。各单位必须依法设置会计账簿，并保证其真实、完整。地方财政部门根据《中华人民共和国会计法》（以下简称《会计法》）的要求，对企业是否依法建立各项会计账簿，以及会计核算行为是否规范进行监管，对不依法建账、会计核算行为不规范的企业应按《会计法》有关规定处理。

③建立健全财务管理制度和内部控制制度。企业建立健全财务管理制度和内部控制制度，是搞好企业财务管理、规范财务核算行为的制度保证。国家对企业的财务会计工作制定了许多相应的法规，但由于每个企业大小不同，经营项目不同，环境不同，管理要求不同，所以企业要根据自身情况和管理要求，按照国家有关法规的要求，制定适合本企业的财务管理制度和内部管理制度，以保证财务管理工作和内部控制工作有章可循。

有条件或具备一定规模的企业要充分发挥董事会、监事会、股东大会、职代会的监督作用，保证各项财务管理制度和内部控制制度的实施。财政部门应监督和帮助企业搞好财务管理制度和内部控制制度建设，促使企业规范财务工作。

④加强业务培训和职业道德教育。财政部门可以定期或不定期地对会计人员进行业务培训，开展后续教育，进行会计职业道德教育，提高会计人员的道德素质。

（3）积极创新财政社会管理职责

积极创新财政社会管理职责与相应的制度，目前，政府正在积极研究建立与财政社会管理职能相适应，有利于规范全社会各类企业财务关系，监督企业经济运行，促进各类企业公平竞争、健康发展的新型企业财务制度体系。

二、企业组织形式及其财务特征

企业组织形式可按照不同的类型进行分类。

（一）公司制企业

公司制企业是指以营利为目的，依法登记成立的社团法人。这种社团法人是一种具有人格的社会组织体，也就是由法律赋予权利能力的组织体。

公司制企业可以分为股份有限公司、有限责任公司、两合公司、股份有限公司等。

股份有限公司是指全部注册资本由等额股份构成并通过发行股票筹集资本的企业法人。股份有限公司一般简称为股份公司。

（二）独资企业

这是由单个自然人独自出资，独自经营、独自享受权益、独自承担经营责任的企业。独资企业的规模一般都很小，其组织结构也十分简单，几乎没有任何内部管理机构。

（三）合伙企业

这是由两人或两人以上合资经营的企业。除业主不止一个人以外，合伙企业其他方面均类同于独资企业。特别是当合伙企业破产时，一个合伙人无能力偿还他分担的债务，那么其他合伙人要负连带责任。

三、企业内部组织结构

一元化结构制、事业部制和控股公司制是企业内部组织结构常见的三种形式。

（一）一元化结构制

一元化结构制是集中的，按职能划分下属部门的组织制度。这种体制高度集权于最高领导层，内部按职能划分为若干部门，各部门的相对独立性和权力较小。

（二）事业部制

事业部制是按产品、业务地区划分成若干事业部，实行集中指导下的事业部分散经营的组织制度。每个事业部都是实现企业战略目标的基本经营单位，实行独立核算、独立经营、自负盈亏、统一管理其产品、业务或地区的产、供、销等全部活动。

（三）控股公司制

控股公司制是指拥有其他公司的股份或证券、有能力控制其他公司决策的公司组织形式。控股公司有两种形式，一种为纯粹控股公司，另一种为混合控股公司。纯粹控股公司只从事股票控制而不经营实业，混合控股公司既从事股票控制又经营具体的实际业务。控股公司通过收购掌握一个主要股份公司股权，并以其为"母公司"去掌握和控制众多的"子公司""孙公司"，从而形成以"母公司"为核心的金字塔式控制体系。

四、企业财务管理机构

企业财务管理机构的设置，因企业规模大小不同而有差异，同时它同经济发展水平和经济管理体制更有密切的联系。

企业财务处的主要职责可规定为如下几项：①筹集资金；②负责固定资产投资；③负责营运资金管理；④负责证券的投资与管理；⑤负责利润的分配；⑥负责财务预测、财务计划和财务分析工作。

企业会计处的主要职责可规定为如下几项：①按照企业会计准则的要求编制对外会计报表；②按照内部管理的要求编制内部会计报表；③进行成本核算工作；④负责纳税的计算和申报；⑤执行内部控制制度，保护企业财产；⑥办理审核报销等其他有关会计核算工作。

这样，就可以对财务工作和会计工作的范围做一个大致的划分。财务机构和会计机构分别设置、分别规定职责范围，才能明确财务工作和会计工作各自的主攻方向，各司其职，而不致顾此失彼，削弱任何一个方面的工作。

第三章 财务管理价值观念

第一节 货币时间价值

一、货币时间价值的概念

货币时间价值，是指货币经历一定时间的投资和再投资所增加的价值。

任何企业的财务活动都是在特定的时空中进行的。货币的时间价值原理正确地揭示了在不同时点上资金之间的换算关系。货币投入生产经营过程后，其金额随时间的持续不断增长，这是一种客观的经济现象。企业资金循环的起点是投入货币资金，企业用它来购买所需的资源，然后生产出新的产品，产品出售时得到的货币量大于最初投入的货币量。资金的循环以及因此实现的货币增值，需要或多或少的时间，每完成一次循环，货币就增加一定金额，周转的次数越多，增值额也越大。因此，随着时间的延续，货币总量在循环中按几何级数增长，形成了货币的时间价值。

需要注意的是，将货币作为资本投入生产过程所获得的价值增加并不全是货币的时间价值。这是因为，所有的经营都不可避免地具有风险，而投资者承担风险也要获得相应的报酬，此外，通货膨胀也会影响货币的实际购买力。因此，对所投资项目的报酬率也会产生影响。资金的供应者在通货膨胀的情况下，必然要求索取更高的报酬以补偿其购买力损失，这部分补偿称为通货膨胀贴水。可见，货币在经营过程中产生的报酬不仅包括时间价值，还包括货币资金提供者要求的风险报酬和通货膨胀贴水。因此，本书认为，时间价值是扣除风险报酬和通货膨胀贴水后的真实报酬率。

货币的时间价值有两种表现形式：相对数形式和绝对数形式。相对数形式，即货币时间价值率，是指扣除风险报酬和通货膨胀贴水后的平均资金利润率或平均报酬率；绝对数形式，即时间价值额，是指资金与时间价值率的乘积。时间价值虽有两种表示方法，但在实际工作中并不进行严格的区分。因此，在述及货币时间价值的时候，有时用绝对数，有时用相对数。

银行存款利率、贷款利率、各种债券利率、股票的股利率都可以看作投资报酬率，它们与时间价值都是有区别的，只有在没有风险和通货膨胀的情况下，时间价值才与上述各报酬率相等。为了分层次地、由简到难地研究问题，在论述货币时间价值时采用抽象分析法，一般假定没有风险、没有通货膨胀，以利率代表货币时间价值率，本章以此假设为基础。

二、现金流量时间线

计算货币资金的时间价值，首先要清楚资金运动发生的时间和方向，即每笔资金在哪个时点上发生，资金流向是流入还是流出。现金流量时间线提供了一个重要的计算货币资金时间价值的工具，它可以直观、便捷地反映资金运动发生的时间和方向。

现金流量时间线对于更好地理解和计算货币时间价值很有帮助，本书将在后面的章节中多次运用这一工具来解决许多复杂的问题。

三、一次性收付款项的终值和现值

一次性收付款项是指在某一特定时点上一次性支出或收入，经过一段时间后再一次性收回或支出的款项。

资金时间价值的计算，涉及两个重要的概念，即现值和终值。现值，又称本金，是指未来某一时点上的一定量现金折算到现在的价值。终值，又称将来值或本利和，是指现在一定量的现金在将来某一时点上的价值。

由于终值和现值的计算同利息的计算方法有关，而利息的计算方法又有复利和单利两种，因此，终值与现值的计算也有复利和单利计算之分。单利是指一定期间内只根据本金计算利息，当期产生的利息在下一期不作为本金，不重复计算利息。复利的概念充分体现了资金时间价值的含义，因为资金可以再投资，而且理性的投资者总是尽可能快地将资金投向合适的领域，以赚取报酬。在讨论资金的时间价值时，一般都按复利计算。

四、非一次性收付款项的终值和现值

上面介绍了一次性收付款项，除此之外，还存在一定时期内多次收付

的款项，即非一次性收付款项。非一次性收付款项根据每次收付款项金额是否相等，可分为等额系列收付款项和不等额系列收付款项。

（一）等额系列收付款项的终值和现值

等额系列收付款项是指等额、定期的系列收支，也称为年金。例如，分期付款赊购、分期偿还贷款、发放养老金、分期支付工程款、每年相同的销售收入等，都属于年金收付形式。按照收付时点和方式的不同，可以将年金分为普通年金、预付年金、递延年金和永续年金四种。

1. 普通年金

普通年金，又称后付年金，是指每期期末等额收付款项的年金。这种年金形式在现实经济生活中最为常见。

（1）普通年金终值

普通年金终值犹如零存整取的本利和，它是在一定时期内每期期末等额收付款项的复利终值之和。

（2）偿债基金

偿债基金是指为了在约定的未来某一时点清偿某笔债务或积聚一定数额的资金而必须分次等额储存的款项。每次等额储存的款项就是年金，可以获得按复利计算的利息，未来的债务或需积聚的资金实际上等于年金终值。

（3）普通年金现值

普通年金现值是指在一定时期内每期期末等额收支款项的复利现值之和。实际上就是指为了在每期期末取得或支出相等金额的款项，现在需要一次性投入或借入多少金额。

（4）资本回收额

资本回收额是指在给定的年限内等额回收或清偿初始投入的资本或所欠的债务，这里的等额款项为年资本回收额。

2. 预付年金

预付年金又称先付年金或即付年金，是指在每期期初等额收付的年金。预付年金与普通年金的区别在于收付款的时点不同。由于普通年金是最常用的，因此年金终值和现值的系数表是按普通年金编制的，为了便于计算和查表，必须根据普通年金的计算公式，推导出预付年金的计算公式。

（1）预付年金终值

预付年金终值是一定时期内每期期初等额收付款项的复利终值之和。

（2）预付年金现值

预付年金现值是指将在一定时期内按相同时间间隔在每期期初收付的相等金额折算到第 1 期期初的现值之和。

3. 递延年金

递延年金又称延期年金，是指在最初若干期没有收付款项的情况下，后面若干期等额的系列收付款项。它是普通年金的特殊形式。前两种年金的第一次收付时间都发生在整个收付期的第 1 期，要么在第 1 期期末，要么在第 1 期期初。但有时会遇到第一次收付不发生在第 1 期，而是隔了几期后才在以后的每期期末发生一系列的收付款项，这种年金形式就是递延年金。因此，凡是不在第 1 期开始收付的年金，就可称为递延年金。

（二）不等额系列收付款项的终值和现值

不等额系列收付款项是指在一定时期内多次收付，而每次收付的金额不相等的款项。不等额收付款项货币时间价值的计算包括终值和现值的计算。

1. 不等额系列收付款项终值

前面讲的年金每次收入或付出的款项都是相等的，但在财务管理实践中，更多的情况是每次收入或付出的款项并不相等。不等额系列收付款项终值等于每期收付款项的终值之和。

2. 不等额系列收付款项现值

可见，不等额系列收付款项现值等于每期收付款现值之和。

3. 年金和不等额系列收付款项混合情况下的现值

在年金和不等额系列收付款项混合的情况下，不能用年金计算的部分，则用复利公式计算，然后与用年金计算的部分加总，便得出年金和不等额系列收付款项混合情况下的现值。

第二节　风险与报酬

一、风险与报酬概述

对于大多数投资者而言，个人或企业当前投入资金是因为期望在未来会赚取更多的资金。报酬，为投资者提供了一种恰当地描述投资项目财务绩效的方式。报酬的大小可以通过报酬率来衡量。

事实上，投资者获得的投资报酬率就是国库券的票面利率，一般认为该投资是无风险的。然而，如果将这10万元投资于一家刚成立的高科技公司，该投资的报酬就无法明确估计，即投资面临风险。

风险是指在一定条件下、一定时期内，某一行动具有多种可能但结果不确定。人们一般可以事先估计采取某一行动可能导致的各种结果，以及每种结果出现的可能性大小，但无法确定最终结果是什么。例如，掷一枚硬币，我们可以事先知道硬币落地时有正面朝上和反面朝上两种结果，并且每种结果出现的可能性各为50%，但谁也无法事先知道每一次硬币落地时究竟是正面朝上还是反面朝上，这就是风险。从财务管理角度而言，风险就是企业在财务活动中由于各种难以预料和无法控制的因素，使企业的实际收益与预期收益发生背离，从而蒙受经济损失的可能性。例如，企业所期望的收益率是30%，而实际获得的收益率是20%，两者的差异即反映了风险。

公司的财务决策几乎都是在包含风险和不确定性因素的情况下做出的。离开了风险，就无法正确评价公司投资报酬率的高低。风险是客观存在的，按风险的程度，可以把公司的财务决策分为三种类型。

（一）确定性决策

决策者对未来的情况是完全确定的或已知的决策，称为确定性决策。

（二）风险性决策

决策者对未来的情况不能完全确定，但不确定性出现的可能性——概率的具体分布是已知的或可以估计的，这种情况下的决策称为风险性决策。

（三）不确定性决策

决策者不仅对未来的情况不能完全确定，而且对不确定性可能出现的概率也不清楚，这种情况下的决策称为不确定性决策。

从理论上讲，不确定性是无法计量的，但在财务管理中，通常为不确定性规定了一些主观概率，以便进行定量分析。不确定性在被规定了主观概率以后，就与风险十分近似了。因此，在公司财务管理中，对风险与不确定性并不做严格区分，当谈道风险时，可能是风险，更可能是不确定性。

投资者之所以愿意投资风险高的项目，是因为其获得的报酬率足够高，能够补偿其投资风险。很明显，在上述例子中，如果投资高科技公司的期望报酬率与短期国库券一样，那么几乎没有投资者愿意投资高科技公司。

二、单项资产的风险与报酬

如前所述，对投资活动而言，风险是与投资报酬的可能性相联系的，因此，对风险的衡量就要从投资报酬的可能性入手。

（一）概率

在完全相同的条件下，某一事件可能发生也可能不发生，可能出现这种结果也可能出现另外一种结果，这类事件称为随机事件。概率就是用来反映随机事件发生的可能性大小的数值，一般用 R 表示随机事件。

概率分布是指一项活动可能出现的所有结果概率的集合。概率分布有两种类型：一种是离散型概率分布，即随机事件可能出现的结果只取有限个值。另一种是连续型概率分布，即随机事件可能出现的结果有无数个值，也对应无数个相应的概率，概率分布在连续图像两点之间的区间上。

（二）期望报酬率

将各种可能结果与其所对应的发生概率相乘，并将乘积相加，则得到各种结果的加权平均数。此处权重系数为各种结果发生的概率，加权平均数则为期望报酬率。

（三）离散程度

利用概率分布的概念能够对风险进行衡量，即期望报酬率的概率分布越集中，则该投资的风险越小。

为了定量地衡量风险大小，可以借助统计学中衡量离散程度的指标。

1. 标准差

为了准确度量风险的大小，我们引入标准差（Standard Deviation，SD）这一度量概率分布密度的指标。标准差越小，概率分布越集中，相应地，风险也就越小。

2. 离散系数

如果两个项目期望报酬率相同、标准差不同，理性投资者会选择标准差较小，即风险较小的那个。类似地，如果两个项目具有相同的风险（标准差），但期望报酬率不同，投资者通常会选择期望报酬率较高的项目。因为投资者都希望冒尽可能小的风险，而获得尽可能高的报酬。但是，如果有两项投资：一项期望报酬率较高而另一项标准差较低，投资者该如何抉择呢？此时另一个风险度量指标离散系数可以较好地解决这一问题。

（四）利用历史数据度量风险

前例描述了利用已知概率分布的数据计算均值与标准差的过程，但在实际决策中，更普遍情况是已知过去一段时期内的报酬率数据，即历史数据。

三、投资组合的风险与报酬率

投资者在进行证券投资时，一般并不把所有资金投资于一种证券，而是同时持有多种证券。这种同时投资于多种证券的方式，称为证券的投资组合（portfolio），又称证券组合或投资组合。这里的"证券"是"资产"的代名词，它可以是任何产生现金流的东西，例如，一项生产性生物资产、一条生产线或者是一个企业。由多种证券构成的投资组合，会减少风险，报酬率高的证券抵销报酬率低的证券带来的负面影响。因此，绝大多数法人投资者如工商业企业、信托投资公司、投资基金公司等都同时投资于多种证券，即使是个人投资者，一般也是持有证券的投资组合而不只是投资于某一个公司的股票或债券。所以，了解证券投资组合的风险与报酬对于公司财务人员来说非常重要。

（一）投资组合的报酬率

投资组合的期望报酬率，是指组合中单项证券期望报酬率的加权平均值，权重为整个组合中投入各项证券的资金占总投资额的比重。

（二）投资组合的风险

投资组合的风险可以用标准差来衡量。投资组合的期望报酬率是证券组合中各单项证券期望报酬率的加权平均值，但投资组合的风险并不是各项证券的方差或标准差的加权平均值。证券组合的风险不仅取决于组合内各单项证券的风险，还与各单项证券间的相互关系有关。

（三）投资组合与风险分散

与投资组合的报酬率不同，投资组合的风险，通常并非组合内部单项资产标准差的加权平均数。事实上，我们可以利用某些有风险的单项资产组成一个完全无风险的投资组合，这就是风险分散。

若投资组合包含的股票多于两只，通常情况下，投资组合的风险将随所包含股票数量的增加而降低。想要找到期望报酬率呈负相关的股票很困难。因为当经济繁荣时，多数股票都走势良好，而当经济低迷时，多数股票都表现不佳。因此，即使是非常大的投资组合，也仍然存在一些风险。

因此，任意一只股票所包含的风险，几乎有一半能够通过构建一个适度最大分散化的投资组合而消除。不过，由于总会残留一些风险，因此几乎不可能完全分散那些影响所有股票报酬率的整个股票市场的波动。

股票风险中通过投资组合能够被消除的部分称为可分散风险，而不能够被消除的部分则称为市场风险。如果组合中股票数量足够多，则任意单只股票的可分散风险都能够被消除。

可分散风险是由某些随机事件导致的，如个别公司遭受火灾、公司在市场竞争中的失败等。这种风险可以通过证券持有的多样化来抵销，即多买几家公司的股票，其中某些公司的股票报酬率上升，另一些公司的股票报酬率下降，从而将风险抵销。市场风险则产生于那些影响大多数公司的因素：经济危机、通货膨胀、经济衰退以及高利率。由于这些因素会对大多数股票产生负面影响，因此无法通过分散化投资消除市场风险。

通过上面的分析可知，投资组合可以分散隐含在单项资产中的风险，从而降低投资组合总体的风险。但是，影响市场上所有资产的市场风险却是无法通过投资组合分散的。因此，投资者因承担风险而期望得到的补偿也应该是对市场风险进行的补偿，而不能期望市场对可分散风险进行补偿。

市场组合（包括所有股票）在股票市场上，其报酬率代表股票的平均收益水平，报酬率的变动程度通常根据有代表性的股票市场指数（道琼斯工业指数、标准普尔 500 指数、纽约证券交易所指数等）的变化来衡量。在整个股票市场波动时，个别股票的反应各不一样，有的发生剧烈变动，有的只发生较小的变动，即各种股票对市场变化的敏感程度不一样，相应的，系数也就不一样。与市场水平同步波动的股票称为平均风险股票，平均风险股票的 B 系数为 1。

（四）投资组合的风险报酬率

投资者进行投资组合投资与进行单项投资一样，都要求对所承担的风险进行补偿，股票的风险越大，要求的报酬率越高。但是，与单项投资不同，投资组合投资要求补偿的风险只是市场风险，而不要求对可分散风险进行补偿。如果可分散风险的补偿存在，善于科学地进行投资组合的投资者将会购买这部分股票，并抬高其价格，其最后的报酬率只反映市场风险。因此，投资组合的风险报酬率是投资者因承担不可分散风险而要求的。

（五）最优投资组合

1.有效投资组合的概念

根据风险报酬均衡原则，投资者希望报酬高、风险低，因此，投资者只希望投资于有效投资组合。有效投资组合是指在任何既定的风险程度上，提供的期望报酬率最高的投资组合；也可以是在任何既定的期望报酬率水平上，带来的风险最低的投资组合。

一个有效的投资组合中不会仅仅包括两项资产。当然，列示出所有可能的资产组合也是不可能的。只要先估计出各股票实际报酬率的数值，就能用图形表示出各组合的风险报酬率对应点的集合是什么形状。

2.最优投资组合的建立

要建立最优投资组合，还必须加入一个新的因素——无风险资产。一个投资组合不仅包括风险资产，还包括无风险资产。有了无风险资产，就能说明投资者是如何选择投资组合的。

简言之，无风险资产的标准差为零。也就是说，它的未来报酬率没有不确定性，实际报酬率永远等于期望报酬率。从严格意义上讲，完全没有风险的资产是不存在的。但一般情况下，一些标准差非常小（或者说风险非常小）的资产可以视为无风险资产，比如政府发行的国库券。

当能够以无风险利率借入资金时，可能的投资组合对应点所形成的连线就是资本市场线（capital market line，CML），资本市场线可以看作所有资产，包括风险资产和无风险资产的有效集。

四、主要资产定价模型

众所周知，投资者只有在期望报酬率足以补偿其承担的投资风险时才会购买风险性资产。由风险报酬均衡原则可知，风险越高，必要报酬率也就越高。多高的必要报酬率才足以抵补特定数量的风险呢？市场又是怎样决定必要报酬率的呢？一些基本的资产定价模型将风险与报酬率联系在一起，把报酬率表示成风险的函数，这些模型包括资本资产定价模型、多因素模型和套利定价模型。

（一）资本资产定价模型

市场的期望报酬率是无风险资产的报酬率加上因市场组合的内在风险所需的补偿。

因为股票具有风险，所以期望报酬率与实际报酬率往往不同，某一时期市场的实际报酬率可能低于无风险资产的报酬率，甚至出现负值。但投资者要求风险与报酬均衡，所以风险溢价一般都假定为正值。这个值应该是多少呢？实际操作中通常用过去风险溢价的平均值作为未来风险溢价的最佳估计值。

在构造证券投资组合并计算它们的报酬率之后，资本资产定价模型（Capital Assel Pricing Model，CAPM）可以进一步测算投资组合中的每一种证券的报酬率。资本资产定价模型建立在一系列严格假设的基础之上：①所有投资者都关注单一持有期。通过基于每个投资组合的期望报酬率和标准差，在可选择的投资组合中选择，他们都寻求最终财富效用的最大化。②所有投资者都可以给定的无风险利率无限制地借入或借出资金，卖空任何资产均没有限制。③投资者对期望报酬率、方差以及任何资产的协方差评价一致，即投资者有相同的期望。④所有资产都是无限可分的，并有完美的流动性（即在任何价格均可交易）。⑤没有交易费用。⑥没有税收。⑦所有投资者都是价格接受者（即假设单个投资者的买卖行为不会影响股价）。⑧所有资产的数量都是确定的。

证券市场线（SML）反映了投资者规避风险的程度——直线越陡峭，投资者越规避风险，也就是说，在同样的风险水平上，要求的报酬率更高；或者在同样的报酬率水平上，要求的风险更小。

随着时间的推移，不仅证券市场线在变化，系数也在不断变化。系数可能会因一个企业的资产组合、负债结构等因素的变化而改变，也会因为市场竞争的加剧、专利权的到期等情况而改变。系数的变化会使公司股票的报酬率发生变化。

（二）多因素模型

CAPM 的假设条件是均值和标准差包含了资产未来报酬率的所有相关信息。但是可能还有更多的因素影响资产的期望报酬率。原则上，CAPM 认为，一种资产的期望报酬率的大小取决于单一因素，但是在现实生活中多因素模型可能更加有效。因为即使无风险报酬率是相对稳定的，受风险影响的那部分风险溢价仍可能受多种因素影响，一些因素影响所有企业，另一些因素可能仅影响特定公司。更一般地，假设有 n 种相互独立因素影响不可分散风险，此时，股票的报酬率将会是一个多因素模型。

（三）套利定价模型

套利定价模型基于套利定价理论（Arbitrage Pricing Theory，APT），从多因素的角度考虑证券报酬率，假设证券报酬率是由一系列产业方面和市场方面的因素确定的。

套利定价模型与资本资产定价模型都建立在资本市场效率的原则之上，套利定价模型仅仅是：在同一框架之下的另一种证券估值方式。套利定价模型把资产报酬率放在一个多变量的基础上，它并不试图规定一组特定的决定因素，反而认为资产的期望报酬率取决于一组因素的线性组合，这些因素必须经过实验来判别。

第三节 证券估值

一、债券的特征及估值

债券是由公司、金融机构或政府发行的，表明发行人对其承担还本付息义务的一种债务性证券，是公司对外进行债务筹资的主要方式之一。作为一种有价证券，其发行者和购买者之间的权利和义务是通过债券契约固定下来的。

（一）债券的主要特征

尽管不同公司的债券往往在发行的时候订立了不同的债券契约，如有的债券到期可以转换成公司的普通股，有的债券在约定的条件下可以提前偿付等，但是典型的债券契约至少包括以下条款。

1.票面价值

债券票面价值又称面值，是指债券发行人借入并且承诺于债券到期时偿付持有人的金额。

2.票面利率

债券的票面利率是债券持有人定期获取的利息与债券面值的比率。多数债券的票面利率在债券持有期间不会改变，但也有一些债券在发行时不明确规定票面利率，而是规定利率水平根据某一标准（如银行存款利率）的变化而同方向调整，这种债券的利率一般称为浮动利率。

还有一些债券根本不支付利息，但是会以大大低于面值的折价方式发行，因而会提供资本利得而不是利息收入，这类债券称为零息债券。

3. 到期日

债券一般都有固定的偿还期限，到期日即指期限终止之时。债券期限有的短至 3 个月，有的则长达 30 年。往往到期时间越长，其风险越大，债券的票面利率也越高。

（二）债券的估值方法

任何金融资产的估值都是资产预期创造现金流的现值，债券也不例外。债券的现金流依赖于债券的主要特征。对于一只典型的公司债券而言，如中国铝业公司发行的企业债券，其现金流由 5 年的债券利息支付加上债券到期时需偿还的本金（100 元面值）组成。如果是浮动利率债券，利息支付随时间变化而变化。如果是零息债券，则没有利息支付，只在债券到期时按面额支付。

（三）债券投资的优缺点

1. 债券投资的优点

债券投资的优点主要表现在以下三个方面。

（1）本金安全性高

与股票相比，债券投资风险比较小。政府发行的债券有国家财力作后盾，其本金的安全性非常高，通常视为无风险证券。公司债券的持有者拥有优先求偿权，即当公司破产时，优先于股东分得公司资产，因此，其本金损失的可能性小。

（2）收入比较稳定

债券票面一般都标有固定利息率，债券的发行人有按时支付利息的法定义务，因此，在正常情况下，投资于债券都能获得比较稳定的收入。

（3）许多债券都具有较好的流动性

政府及大公司发行的债券都可在金融市场上迅速出售，流动性很好。

2. 债券投资的缺点

债券投资的缺点主要表现在以下三个方面。

（1）购买力风险比较大

债券的面值和利息率在发行时就已确定，如果投资期间的通货膨胀率比较高，则本金和利息的购买力将不同程度地受到侵蚀，在通货膨胀率非常高时，投资者虽然名义上有报酬，实际上却遭受了损失。

（2）没有经营管理权

投资于债券只是获得报酬的一种手段，无权对债券发行单位施加影响和控制。

（3）需要承受利率风险

市场利率随时间上下波动，市场利率的上升会导致流通在外的债券价格下降。由于市场利率上升导致的债券价格下降的风险称为利率风险。投资债券的个人或公司承受着市场利率变化的风险。

二、股票的特征及估值

股票投资是公司进行证券投资的一个重要方面，随着股票市场的发展，股票投资已变得越来越重要。

（一）股票的构成要素

为了更好地理解股票估值模型，我们有必要介绍股票的一些构成要素。

1. 股票价值

投资股票通常是为了在未来能够获得一定的现金流入。这种现金流入包括两部分：每期将要获得的股利以及出售股票时得到的价格收入。有时为了将股票的价值与价格相区别，也把股票的价值称为"股票内在价值"。

2. 股票价格

股票的价格是指其在市场上的交易价格，它分为开盘价、收盘价、最高价和最低价等。股票的价格会受到各种因素的影响而出现波动。

3. 股利

股利是股份有限公司以现金的形式从公司净利润中分配给股东的投资报酬，也称"红利"或"股息"。但也只是当公司有利润并且管理层愿意将利润分给股东而不是将其进行再投资时，股东才有可能获得股利。

（二）股票的类别

股票有两种基本类型：普通股和优先股。普通股股东是公司的所有者，他们可以参与选举公司的董事，但是当公司破产时，普通股股东只能最后得到偿付。普通股股东可以从公司分得股利，但是发放股利并不是公司必须履行的义务。因此，普通股股东与公司债权人相比，要承担更大的风险，其报酬也具有更大的不确定性。

优先股则是公司发行的求偿权介于债券和普通股之间的一种混合证券。优先股相对于普通股的优先权是指清算时的优先求偿权，但是这种优先权的获得使优先股股东通常丧失了与普通股股东一样的投票权，从而限制了其参与公司事务的能力。优先股的现金股利是固定的，且先于普通股股利发放，每期支付的股利类似于债券支付利息。不同的是，如果公司未能按时发放股利，优先股股东不能请求公司破产。当然，公司为保持良好的财务声誉，总是会想方设法满足优先股股东的股利支付要求。

（三）优先股的估值

优先股的支付义务很像债券，每期支付的股利与债券每期支付利息类似，因此债券的估值方法也可用于优先股估值。

多数优先股永远不会到期，除非企业破产，因此这样的优先股估值可进一步简化为永续年金的估值。

（四）普通股的估值

普通股的估值与债券的估值本质上都是未来现金流的折现，但是由于普通股的未来现金流是不确定的，依赖于公司的股利政策，因此普通股的估值与债券的估值存在差异。

普通股股票持有者的现金收入由两部分构成：一部分是在股票持有期间收到的现金股利；另一部分是出售股票时得到的变现收入。

要给一只股票估值，就需要预测未来无穷期的所有现金股利，这显然是不可能的，因此需要对未来的现金股利做一些假设，才能进行股票估值。

（五）股票投资的优缺点

1.股票投资的优点

股票投资是一种最具挑战性的投资，其报酬和风险都比较高。股票投资的优点主要有：

（1）能获得比较高的报酬

普通股的价格虽然变动频繁，但从长期看，优质股票的价格总是上涨的居多，只要选择得当，一般都能获得优厚的投资报酬。

（2）能适当降低购买力风险

普通股的股利不固定，在通货膨胀率比较高时，由于物价普遍上涨，股份公司盈利增加，股利的支付也随之增加，因此，与固定报酬证券相比，普通股能有效地降低购买力风险。

（3）拥有一定的经营控制权

普通股股东属于股份公司的所有者，有权监督和控制公司的生产经营情况，因此，欲控制一家公司，最好的途径就是收购这家公司的股票。

2.股票投资的缺点

股票投资的缺点主要是风险大，这是因为：①普通股对公司资产和盈利的求偿权均居最后。公司破产时，股东原来的投资可能得不到全数补偿，甚至可能血本无归。②普通股的价格受众多因素影响，很不稳定。政治因素、经济因素、投资者心理因素、企业的盈利情况、风险情况等，都会影响股票价格，这也使股票投资具有较高的风险。③普通股的收入不稳定。普通股股利的多少，视企业经营状况和财务状况而定，其有无、多寡均无法律上的保证，其收入的风险也远远大于固定收益证券。

第四章 会计实务基本理论

第一节 会计的概念与目标

一、会计的概念与特征

（一）会计的概念

会计是以货币为主要计量单位，运用专门的方法，核算和监督一个单位经济活动的一种经济管理工作。单位是国家机关、社会团体、公司、企业、事业单位和其他组织的统称。

会计已经成为现代企业一项重要的管理工作。企业的会计工作主要是通过一系列的会计程序，对企业的经济活动和财务收支进行核算和监督，反映企业财务状况、经营成果和现金流，反映企业管理层受托责任的履行情况，为会计信息使用者提供有用的决策信息，并积极参与经营管理决策，提高企业经济效益，促进市场经济的健康有序发展。

（二）会计的基本特征

财务会计的特点，主要表现在以下几个方面。

第一，从提供信息的时态来看，财务会计着重提供有关企业过去和现在的经济活动情况及其结果的会计信息。

第二，从提供信息的内容来看，财务会计提供的财务信息主要由通用财务会计报告加以揭示。

第三，从服务对象看，财务会计主要是为外部使用者提供财务信息。

第四，从工作程序的约束依据来看，财务会计受外在统一的会计规范约束。

第五，从会计程序与方法来看，财务会计有比较科学的、统一的、定型的会计处理程序与方法。

二、会计的目标

会计目标是指导会计工作、评价会计准则的指针，是会计系统全力以赴、力争实现的标准，是会计准则概念框架的最高层次。因而，确定科学的会计目标，对于指导实践，指导会计理论研究，提高会计工作和会计学术水平，均有重要意义。

会计法和会计准则是会计活动的规范，应当规范会计目标而不仅是财务报表目标。作为会计基础理论范畴，目标的主体应是包括管理会计和财务会计在内的整个会计。如果作为财务会计学、管理会计学，分别表述其目标，未尝不可。把会计理论局限于财务会计理论的观点，似有不妥。

第二节 会计的职能与方法

一、核算职能

公司财务核算工作需要适应企业生产规模的发展，需要科学有效地管理事业部，需要及时地服务决策，提高企业的竞争能力等。公司的财务管理水平应当与公司的发展阶段匹配，无论财务管理水平相对于发展阶段超前还是滞后，都会制约公司的发展。具体而言财务机构的职能、财务机构和岗位的设置、相应的财务和会计基础管理制度，根据公司发展都需要进行调整和优化。财务预算体系是企业日常经营运作的重要工具，是企业管理支持流程之一，与其他管理支持流程相互作用，共同支持企业的业务流程营销管理、计划管理、采购与生产管理、库存管理。通过实施全面预算管理，可以明确并量化公司的经营目标、规范企业的管理控制、落实各责任中心的责任、明确各级责权、明确考核依据，为企业的成功提供了保证。公司财务核算工作需要适应企业生产规模的发展，提高企业的竞争能力等，通过对管理需求分析可以明确地形成完整的财务核算体系。

企业的高级管理人员直接得到一手信息的机会很少，必须通过报告系统得到经过整理、分析的信息。企业的报表分为对外报送的以核算信息为主的财务报表和报送管理层的以经营管理信息为主的管理报表。很多情况下企业将二者等同依靠核算口径的财务报表获取管理信息。虽然有管理口径的报表，但是过多的信息以控制为主，没有融入非财务的信息而且管理报表的结构、信息归集的口径、报送的频率等，与管理决策的要求相距较远，因而不能有效支持决策。

二、监督职能

财务监督是运用单一或系统的财务指标对企业的生产经营活动或业务活动进行的观察、判断、建议和督促。它通常具有较明确的目的性，能督促企业各方面的活动合乎程序与合乎要求，促进企业各项活动的合法化管理行为的科学化。它是公共组织财务管理工作的重要组成部分，也是国家财政监督的基础，它对于规范公共组织的财务活动、严格财务制度及财经纪律、改善公共组织财务管理工作、保证收支预算的实现具有重要意义。

通过对公共组织财务活动的监督审查，对该单位的财务收支及经营管理活动进行监督和鉴证，揭发严重损失浪费及无效率、不经济的行为，依法追究有关责任人的责任，提请给予行政处分或刑事处罚，从而纠错揭弊，保证党和国家法律、法规、方针、政策、计划及预算的贯彻执行，维护财经纪律和各项规章制度，保证公共组织的财务报告及其他核算资料的正确可靠，保护国家财产的安全和完整，维护社会经济秩序，巩固社会法制。通过财务监督，可以揭示公共组织在财务活动、财务管理工作中存在的问题、不足，以及财务管理制度方面存在的薄弱环节，并有针对性地提出改进建议和补救措施，从而改善财务管理工作，提高财务工作质量。通过对其财务活动进行全面分析，能够及时掌握各公共组织人力、财力、物力等各种资源的使用情况，督促各公共组织加强和改进对人、财、物的管理，深入挖掘内部潜力，增收节支，用有限的资金创造更多的社会效益和经济效益。

三、预测职能

随着社会经济的发展和经济管理的现代化，会计的职能也会随之发生变化，一些新的职能不断出现。一般认为，除了会计核算、监督两个基本职能之外，还有分析经济情况、预测经济前景、参与经济决策等各种职能控制。随着管理对会计要求的提高，会计核算不仅仅包括对经济活动的事后核算，还应包括事前核算和事中核算。事前核算的主要形式是进行经济预测，参与决策；而事中核算的主要形式则是在计划执行过程中，通过核算和监督相结合的方法，对经济活动进行控制，使之按计划和预定的目标进行。国家历来对会计工作都相当重视，要求每一个作为企业家的厂长、经理，除懂得学好必需的经济理论外，还需要具备一些财务会计方面的知识，即：各项财务制度、经济法律、商品的流转、核算，通晓资金、费用、利润情况，企业计划，预算、统计知识，运用计划、统计的数据，分析内部、外部情况，进行组织指挥工作。因此，一个标准的企业家，既要具备生产知识，更应较多地懂得财务知识，有经济头脑，熟悉本企业的成本，资金利润等多项经济指标，随时掌握产、供、销各个环节的活动，只有这样才能在经营工作中抓住主要矛盾，解决关键问题，开拓新路子，取得新成绩。

计划应以科学预测为基础，通过预测来反映企业经过努力在未来可能达到的收入、成本和利润水平。未来的科学技术发展、管理水平提高以及市场供求关系变动都会影响预测的结果，因此随着市场经济的发展，管理会计人员不能仅注重于企业内部，还应面向市场，注重市场信息的收集、处理与分析，使预测的结果更为科学合理，接近实际。科学预测的结果只能反映经过努力可能达到的水平而并非应当达到的水平，所以不能根据预测的结果直接确定目标。计划过程一般由两部分构成：一是在量本利分析的基础上，通过努力应当达到的销售水平和成本费用水平，所进行的总体计划或定期计划；二是根据所预测的执行不同行动方案的经济效益进行最优选择，又叫作个别项目的计划。综合这两部分工作，就可以科学地确定目标以及为实现目标应采取的具体措施。一般情况下，会计可以用实际数量与计划数量进行对比，以此评估经济计划的完成情况，并分析本财年和上财年之间或者和同行业先进水平之间的差距，找出不足并研究导致其产生的原因，以扬长避短，对企业经济效益的正确评价必须依靠会计职能中的分析职能，运用足够的会计核算数据、综合各方面的情况来计算企业的经济效益指标，再通过研究来制订出可行性方案标准，正确评估、测算企业已经取得的经济效益并进一步理解其利弊条件，在接下来的经营活动中逐步避免旧问题的出现，防止新问题的产生，以不断提高经济效益水平，摒弃落后管理方式，不断完善相关市场机制，促进企业经济的平稳健康发展。

四、决策职能

在市场经济体系不断发展完善的背景下，企业自身也必须做出相应变革以适应现实的社会经济条件故而必须通过科学的经济预测来做出正确的决策，来推出一系列真正具有市场竞争力的产品企业会计的工作接触面较广，所以能够综合各方面的具体情况，反映出经济活动的全过程，与此同时，会计在以实际工作中获得的经济数据，结合统计资料以及生产计划等指标的基础上，对企业运营的经济环境进行细致科学的剖析，能够帮助企业制定出适合自身真实发展状况的决策，取得更好的经济效益。总而言之，经济效益的提高与会计的工作是紧密联系、不可分离的，只有充分地发挥会计职能，不断提高会计监管力度，才能促进企业经济效益的不断提高。因此，良好的会计工作可以帮助企业科学地预测经济状况，从而规避风险，做出正确的决策，进而保证企业的长远发展目标。

五、评价职能

企业绩效评价，是指运用数理统计和运筹学原理，特定指标体系，对照统一的标准，按照一定的程序，通过定量定性对比分析，对企业一定经营期间的经营效益和经营者业绩做出客观、公正和准确的综合评判。企业绩效评价的基本特征是以企业法人作为具体评价对象，评价内容重点在盈利能力、资产质量、债务风险和经营增长等方面，以能准确反映上述内容的各项定量和定性指标作为主要评价依据，并将各项指标与同行业和规模以上的平均水平对比，以期求得对某一企业公正、客观的评价结果。

企业绩效评价结果由财政部每年定期公布。绩效评价结果与经营者年薪制、股票期权等收入分配方式改革试点工作也正在逐渐结合，成为国企管理人员业绩考评的重要依据。目前我们中介机构逐步参与的企业绩效评价，主要是国家对重点国有企业集团经营效益、经营者的业绩的考评，以及国有企业集团自身对其所属子公司经营效益、经营者的业绩的考评。

第三节　会计基本假设与会计核算基础

一、会计基本假设

会计基本假设是会计确认、计量和报告的前提，是对会计核算所处的时间、空间环境等所作的合理设定。会计基本假设包括：会计主体、持续经营、会计分期和货币计量。

（一）会计主体

会计主体又称会计实体、会计个体，是指会计所核算和监督的特定单位或组织。会计主体既可以是以盈利为目的的企业，如公司、工厂等，也可以是非营利组织，如学校、机关等；会计主体既可以是一个经济独立的单位，也可以是一个单位中经济相对独立的一个部门或分公司。

理解会计主体概念应区分它与法律主体的区别。一般来说，法律主体都是会计主体，但会计主体不一定是法律主体。具体来说，一个主体如果具有法人资格，则是一个法律主体，其必然要求独立核算，即需要会计人员对其经济活动进行会计核算和监督，也就是一个会计主体。而作为某一个公司下属的一个部门，如果需要进行独立核算，那么它就是一个会计主体，但该部门可能不具备法人资格，因而它不是一个法律主体。

一般地，经济上独立或相对独立的企业、公司、事业单位等都是会计主体，甚至只要有必要，任何一个组织都可以成为一个会计主体，典型的会计主体是经营性企业。

会计主体假设的意义在于规定了会计确认、计量和报告的空间范围，明确了会计人员核算的对象。在会计核算工作中，只有那些影响特定会计主体经济利益的经济业务，会计人员才能加以确认、计量、记录和报告。反之，那些不影响会计主体经济利益的经济业务则不予以确认、计量、记录和报告。另外，只有明确会计主体，才能将会计主体的交易或者事项与其他交易或者事项区分开来。

（二）持续经营

持续经营是指会计主体在可预见的未来，将会按当前的规模和状态继续经营下去，不会停业，也不会大规模削减业务。在持续经营假设下，企业进行会计的确认、计量和报告应当以企业持续、正常的生产经营活动为前提。企业拥有的资产应按预定的目标耗用、出售、转让、折旧等，企业所承担的各种债务也要按原计划如期偿还，经营成果不断形成。例如，某企业购入一条生产线，预计使用寿命为10年，考虑到企业将会持续经营下去，因此可以假定该固定资产会在持续经营的生产经营过程中长期发挥作用，并不断地为企业生产产品，直至生产线使用寿命结束。为此固定资产就应当根据历史成本进行记录，并采用折旧的方法将历史成本分摊到预计使用寿命期间或相关产品的成本中。

只有在持续经营的前提下，会计核算才有一个稳定的基础，才能对资产按历史成本计价，才能按照预计使用年限计提固定资产折旧，否则资产的评估、费用在受益期的分配、负债按期偿还，以及所有者权益和经营成果将无法确认。但是持续经营概念并不排除企业破产的可能性。企业一旦进入破产清算，持续经营基础将被清算基础所取代，从而使这一前提不复存在。

持续经营假设是在会计主体假设之后提出来的，会计主体假设解决了为谁核算的问题，持续经营假设解决了核算的时间范围。

（三）会计分期

会计分期又称为会计期间，是指将一个会计主体持续经营的生产经营活动划分为若干个连续的、长短相等的会计期间，以便分期结算账目和编制会计报告。

会计期间一般按照公历时间进行划分，通常分为会计年度和会计中期。其中，会计年度是以一年确定会计期间，是最常见的会计期间。我国的会计年度自公历的1月1日起至12月31日止。会计中期是指短于一个完整的会计年度的报告期间，包括半年度、季度和月度。会计中期也按公历起讫日期确定。

（四）货币计量

货币计量是指会计主体在会计确认、计量和报告时采用货币作为统一的计量单位，来反映会计主体的生产经营活动。货币计量基本前提包括以下两层含义。

一是会计核算要以货币作为主要的计量尺度。

二是假定币值稳定。因为只有在币值稳定或相对稳定的情况下，不同时点上资产的价值才有可比性，不同期间的收入和费用才能进行比较，并计算确定其经营成果，会计核算提供的会计信息才能真实反映会计主体的经济活动情况。

当然货币计量也有其局限性，主要是使得无法用货币计量的企业的经济活动不能通过会计的手段和方法进行反映，如企业经营战略、企业的信誉、企业的技术开发能力等。为了弥补其局限性，要求企业采用一些非货币性指标作为财务报表的补充。

综上所述，会计核算的四项基本假设具有相互依存、相互补充的关系。会计主体确立了会计核算的空间范围，持续经营确立了会计核算的时间范围，会计分期在会计主体和持续经营的基础上对实际会计工作在时间上做出更具体的划分，货币计量则为会计核算提供了必要手段。也就是说，没有会计主体，持续经营就失去意义；没有持续经营，就不会有会计分期；没有货币计量，就不会有现代会计。

二、会计核算基础

会计核算基础是指会计确认、计量和报告过程中，对会计事项进行会计处理时采用的标准。在实际工作中，货币的收支有时与交易或者事项的发生并不一致，如卖出了商品没有及时收到货款；购买了材料暂时没有付款；一次支付了3年的租房款；3个月支付一次向银行借款的利息等。这就需要采用一个标准来确定收入与费用的归属期间，以正确反映企业在特定会计期间的财务状况和经营成果。在会计上有两种不同的核算制度，即权责发生制和收付实现制。

（一）权责发生制

权责发生制又称应计制或应收应付制，是指以权利和责任的发生为标准来确认本期收入和费用的一种会计核算制度。权责发生制要求：凡是当期已经实现的收入和已经发生或应当负担的费用，不论款项是否收付，都应当作为当期的收入和费用；凡是不属于当期的收入和费用，即使款项已经在当期收付，也不应当作为当期的收入和费用。

（二）收付实现制

收付实现制又称现金制或现收现付制，是以款项实际收到或实际支付为标准来确认本期收入和费用的一种会计核算制度。收付实现制要求：凡是当期实际收到的款项，无论其是否属于本期的收入，均作为当期的收入；凡是当期实际支付款项，无论其是否属于本期的费用，均作为当期的费用处理。

由于权责发生制和收付实现制在处理收入和费用时的标准是不同的，所以同一会计事项按不同会计核算基础进行处理，其结果可能是相同的，也可能是不同的。

例如，企业本期销售产品一批价值 65 000 元，货款已收存银行。对于这项经济业务，不管采用权责发生制还是收付实现制，该笔货款均应作为本期收入，因为一方面它是本期获得的收入，根据权责发生制的要求应当作本期收入；另一方面货款已收到，根据收付实现制的要求，也应当列作本期收入。这时两者的结果是一致的。但在另外的情况下两者则是不一致的，如本期收到上月销售产品的货款 40 000 元存入银行。在这种情况下，如果采用现金收付基础，这笔货款应当作为本期的收入，因为货款是本期收到的；如果采用应计基础，则该笔货款不能作为本期收入，因为它不是本期获得的。

第四节　会计信息的使用者及其质量要求

一、会计信息的使用者

会计信息的使用者包括投资者、债权人、企业管理者、政府相关部门和社会公众等。其中，投资者（股东）关心的主要是投资与报酬方面的信息；债权人关心的主要是公司的偿债能力；企业经营管理层关心的是盈利能力；政府相关部门关心的是社会效益及税收等；社会公众主要关注的是企业的可持续发展能力，有没有生产伪劣产品、是否对环境造成污染等。

二、会计信息质量要求

会计信息质量要求是对企业财务报告中所提供的会计信息质量的基本要求，是使财务报告中所提供会计信息对使用者决策有用所应具备的基本特征。包括可靠性、相关性、可理解性、可比性、实质重于形式、重要性、谨慎性和及时性等。

（一）可靠性

可靠性要求企业应当以实际发生的交易或者事项为依据进行会计确认、计量和报告，如实反映符合确认和计量要求的各项会计要素及其他相关信息，保证会计信息真实可靠、内容完整。

会计信息要有用，必须以可靠为基础。如果财务报告所提供的会计信息是不可靠的，就会对投资者等使用者的决策产生影响。

为了贯彻可靠性要求，企业应当做到以下两点：①以实际发生的交易或者事项为依据进行确认、计量，将符合会计要素定义及其确认条件的资产、负债、所有者权益、收入、费用和利润等如实反映在财务报表中，不得根据虚构的、没有发生的或者尚未发生的交易或者事项进行确认、计量和报告；②在符合重要性和成本效益原则的前提下，保证会计信息的完整性，其中包括应当编报的报表及其附注内容等应当保持完整，不能随意遗漏或者减少应予披露的信息，与会计信息使用者决策相关的有用信息都应当充分披露。

（二）相关性

相关性要求企业提供的会计信息应当与财务报告使用者的经济决策需要相关，有助于财务报告使用者对企业过去、现在或者未来的情况做出评价或者预测。

一项会计信息是否具有相关性取决于预测价值和反馈价值。如果该项信息能帮助决策者对过去、现在和未来事项的可能结果进行预测，则该项信息具有预测价值；如果该项信息能有助于决策者验证或修正过去的决策和实施方案，即具有反馈价值。

会计信息质量的相关性要求，需要企业在确认、计量和报告会计信息的过程中，充分考虑使用者的决策模式和信息需要。但是，相关性是以可靠性为基础的，两者之间并不矛盾，不应将两者对立起来。也就是说，会计信息在可靠性前提下，尽可能地做到相关性，以满足投资者等财务报告使用者的决策需要。

（三）可理解性

可理解性要求企业提供的会计信息应当清晰明了，便于财务报告使用者理解和使用。企业编制财务报告、提供会计信息的目的在于使用，而要使使用者有效使用会计信息，应当能让其了解会计信息的内涵，弄懂会计信息的内容，这就要求财务报告所提供的会计信息应当清晰明了，易于理解。只有这样，才能提高会计信息的有用性，实现财务报告的目标，满足向投资者等财务报告使用者提供决策有用信息的要求。

（四）可比性

可比性要求企业提供的会计信息应当具有可比性。具体包括以下两方面的要求：①同一企业对于不同时期发生的相同或者相似的交易或事项，应当采用一致的会计政策，不得随意变更。在客观实际情况发生变化的情况下，可以变更会计政策，但应在财务报表附注中进行披露；②不同企业发生的相同或者相似的交易或者事项，应当采用规定的会计政策，确保会计信息口径一致、相互可比。

（五）实质重于形式

实质重于形式要求企业应当按照交易或者事项的经济实质进行会计确认、计量和报告，不应仅以交易或者事项的法律形式为依据。

（六）重要性

重要性要求企业提供的会计信息应当反映与企业财务状况、经营情况和现金流量有关的所有重要交易或者事项。

在实务中，如果会计信息的省略或者错报会影响投资者等财务报告使用者据此做出决策的，该信息就具有重要性。重要性的应用需要依赖职业判断，企业应当根据其所处环境和实际情况，从项目的性质和金额大小两方面加以判断。

（七）谨慎性

谨慎性又称为稳健性。谨慎性要求企业对交易或者事项进行会计确认、计量和报告时应当保持应有的谨慎，既不高估资产或者收益，也不低估负债或者费用。

在市场经济环境下，企业的生产经营活动面临着许多风险和不确定性，如应收款项的可收回性、固定资产的使用寿命、无形资产的使用寿命、售出存货可能发生的退货或者返修等。会计信息质量的谨慎性要求，需要企业在面临不确定性因素的情况下做出职业判断时，应当保持应有的谨慎，充分估计到各种风险和损失。例如，企业对可能发生的资产减值损失计提资产减值准备，对售出商品可能发生的保修义务确认预计负债等，就体现了会计信息质量的谨慎性要求。

（八）及时性

及时性要求企业对于已经发生的交易或者事项，应当及时进行会计确认、计量和报告，不得提前或者延后。

会计信息的价值在于帮助所有者做出经济决策，具有时效性。即使是可靠、相关的会计信息，如果不及时提供，就失去了时效性，对于使用者的效用就大大降低甚至不再具有实际意义。

在会计确认、计量和报告过程中贯彻及时性，一是要求及时收集会计信息，即在经济交易或者事项发生后，及时收集整理各种原始单据或者凭证；二是要求及时处理会计信息，即按照会计准则的规定，及时对经济交易或者事项进行确认或者计量，并编制出财务报告；三是要求及时传递会计信息，即按照国家规定的有关时限，及时地将编制的财务报告传递给财务报告使用者，便于其及时使用和决策。

第五节 会计准则体系

企业会计准则体系由基本准则、具体准则、应用指南和解释组成。

一、基本准则

以基本准则为主导，对企业财务会计的一般要求和主要方面做出原则性的规定，为制定具体准则和会计制度提供依据。

基本准则包括总则、会计信息质量要求、财务会计报表要素、会计计量、财务会计报告等十一章内容。

二、具体准则

具体准则是在基本准则的指导下，处理会计具体业务标准的规范。其具体内容可分为一般业务准则、特殊行业和特殊业务准则、财务报告准则三大类，一般业务准则是规范普遍适用的一般经济业务的确认、计量要求。例如，存货、固定资产、无形资产、职工薪酬、所得税等。特殊行业和特殊业务准则是对特殊行业的特定业务的会计问题做出的处理规范。例如，生物资产、金融资产转移、套期保值、原保险合同、合并会计报表等。财务会计报告准则主要是规范各类企业通用的报告类准则。例如，财务报表列报、现金流量表、合并财务报表、中期财务报告、分部报告等。

三、应用指南

应用指南是指对具体准则相关条款的细化和有关重点难点问题提供的操作性指南，以利于会计准则的贯彻落实和指导实务操作。

四、解释

解释是指对具体准则实施过程中出现的问题、具体准则条款规定不清楚或者尚未规定的问题做出的补充说明。

第五章　会计、会计环境与目标理论

第一节　会计的方位

一、簿记与会计

"簿记"这一名词，系英语"bookkeeping"一词的译名。从英文字面上看，是在本子上保持记录，即记账。"会计"一词的英文为"accounting"，从英文字面上说，它是指能以货币形式反映企业经济活动的记录、分类、汇总和说明，也指这一过程所依据的原理。很显然，"簿记"只是"会计"的一部分，"会计"的内容要比"簿记"广泛得多。"会计"不仅包括记账的方法和技术，还包括建立这些方法的理论依据。它既要对日常经济活动进行账务处理，还要对账簿记录进行分析研究，并做出解释与报告。"簿记"起源较早，15世纪在意大利就有了关于"簿记"的专门著作。

二、会计与会计学

要弄清会计与会计学的区别与联系，首先得弄清会计的概念。《现代汉语词典》中对"会计"项有两个义项："①监督和管理财务的工作，主要内容有填制各种记账凭证，处理账务，编制各种有关报表等。②担任会计工作的人员。"《会计辞典》定义是：以货币为主要量度，对企业、机关、事业单位或其他经济组织等的生产经营活动或预算执行的过程及其结果，系统地、连续地进行核算，并根据核算资料进行分析、利用和检查。两者实际上是指会计实务工作和会计人员与机构，不包括会计理论（会计科学）。两者的关系是理论和实践的关系。我们将这种观点称为"狭义会计观"。根据是：会计理论（会计科学）是会计实践的产物，在会计理论产生之前，会计显然仅指会计实践，即按"会计"的原义理解会计。这是目前比较流行的观点。

还有一种观点认为，会计是会计理论（会计科学）和会计实践工作的统一，即会计理论和实践的统一。即有会计工作实践，就必然有对实践经验的总结与概括。会计理论，是会计工作赖以进行的指南，所以会计又可以解释为会计实践的指南，即会计科学。从构词法的角度看，会计科学和会计工作两者都是附加式的词组，会计是表示领属关系的附加词。在工业会计、农业会计中，会计是中心词。以会计为附加词或中心词，可以构成许许多多的词组。所以，不应当把会计看成是某一个词语如会计工作的同义词，而应做广义的理解。笔者将此种观点称为"广义会计观"。

可见，对会计可做狭义和广义两种理解。所谓狭义，就是流行的习惯用法，仅指会计实务工作和会计人员与机构；所谓广义，即把会计看作是会计理论（会计科学）和狭义观的统一。为了避免误解，本书尽量采用会计工作或会计理论（会计科学）的提法。

三、财务与会计

关于财务与会计的关系，学术界有四种观点，即"财会合一""财会并列""大财务""大会计"。

（一）财会合一观

持这种观点的学者认为，财务与会计本来是一回事，两者难解难分，过去人为地把它们分开，是造成理论和实务中各种矛盾与冲突的根源。他们主张"统统合并，融为一体"。

（二）财会并列说

持这种观点的学者认为，财务与会计各有分工而又相互联系。他们的论据是：①财务是搞价值管理的，担负筹集、分配和管理资金的重任；会计是搞价值核算的，担负反映、监督和参与决策的重任。它们各有自己的工作范围。例如，清产核资、编制财务预算与计划、筹划资金渠道、规定开支范围和开支标准、办理现金出纳、资金结算、组织奖惩等，都属于财务工作范围。又如，会计科目设置、账务处理、核算各种经济业务、计算财务成果、办理财产清查和年终决算等都属于会计工作的范围。②学科划分越来越细，在财经院校里，会计学与财务学（理财学）是两门课程。③从现代企业的机构设置看，财务与会计都有各自明确的分工，一般都分别设置机构，各司其职。④从实践看，财务与会计有许多共同点。比如，它们都以货币形式作为手段实现其职能，都具有综合性、全面性的特点，都与实行经济责任制和经济核算制密切联系，共同担负监督执行各项财经制度，促进企业目标的实现等。

（三）大财务说

持这种观点的学者认为，财务管理的业务环节"主要是编制财务计划，组织日常管理（执行财务计划），进行会计核算，开展财务分析，实行财务检查"。会计工作属于财务管理的范围。其主要论据是：第一，从历史发展看，财务与会计活动两者同时存在，不分先后。原始社会存在着财务管理形式，是财务管理的雏形。财务由生产资料的占有者掌握，会计活动为财务活动服务。第二，会计对象是财务活动（即资金运动）。会计核算的主体指标是资金、成本、收入、利润等财务指标，因而财务包括会计。第三，会计只是对财务活动的反映监督，它不能离开财务管理体系而单独存在，不能成为一项"会计管理"。从管理体系论的观点看，财务包括会计。第四，使用"财务管理"比使用"会计管理"更优越。因为"财务管理"能概括财务会计工作的基本内容和特征，能明确反映国家与企业之间的财务关系，反映与财务的密切关系。第五，学者的倾向性意见是财务包括会计。

（四）大会计说

会计不仅是搞价值核算的，而且是搞价值管理的，是经济管理的重要组成部分。从实际工作出发，管理和核算很难截然分开，更需要强调会计的管理职能，从管理需要出发，把管理贯穿到核算的全过程。会计管理和财务管理都运用价值形式对价值运动进行管理，在实际工作中有些地方很难截然分清。比如，两者都要对经济活动进行分析，很难说某些方面只能搞会计分析，而不能搞财务分析，实际工作中往往是一样的分析。办理结算与价款核算，理论上分属财务、会计，但实际上很难分开。更何况要大力提倡管算结合，把管理贯穿到整个核算工作过程中。会计一直包含理财的意思，因此会计可以包括财务。在高等院校，财务与会计分别开课，是为了便于教学和研究，它们都属于统一的会计学科体系，会计学科体系结构按学科性质与范围不同分为：基础性学科、职能性学科、部门性学科、综合性学科和专门性学科。其中，职能性学科包括财务管理学。会计学科体系有几十门课程，如果都把它们独立出来，或者都说自己最"大"，没有实际意义。会计和财务的对象都是价值运动，唯其如此，才说两者属于统一的整体。如果认为会计对象是价值运动，价值运动即财务运动，因而会计应当属于财务，那么，财务是财政的基础，财政是财务的主导，财务学应当属于财政学科体系的推理便顺理成章。同理，还可以说包括会计、财务在内的"财政学科体系"应当属于政治经济学科体系。

财会合一观、大财务说和大会计说的共同点是把财务、会计工作看成有机结合的整体，都不同意把财务和会计工作分割开的财会并列说，强调管理和核算相结合。

财会并列说与大财务说的共同点是把会计看作记账、算账、报账的纯粹的"价值核算"系统，仍然属于"会计是工具"的传统观点。这种观点不利于会计工作控制职能的充分实现。

学术界与实务界都认识到，无论学科归属还是实际作用等方面，财务与会计都有明确的区别，分属不同领域，发挥不同作用。这种差别在经济发达、规模越大的企业或企业集团更为明显。

四、会计与审计

"审计"一词一般是指审核、稽查、计算，它在拉丁文早期解释为"听"，后来才慢慢演变成审计；英文"audit"，一般译为审计，或者是查账；日语的审计叫会计检查；俄文的审计有两个词义：一个有审查簿记、报表的意思；另一个有检查、监督稽查的意思。

什么叫审计？表述方法很多，概括起来有以下几种：①审计属于一种检查过程；②审计是一种业务技术；③审计是查账或者叫会计检查；④审计是完成国家预算、检查预算执行情况的工具；⑤审计是第三者的经济检查活动；⑥审计是一种经济监督活动。

由于对审计的理解不一，审计与会计的关系也发生分歧：一种观点认为，审计寓于会计之中，即审计是会计的一个分支或组成部分。另一种观点认为，审计与会计是相互独立的两门学科。本书认为，会计与审计既有着天然的联系，又存在本质的区别。正确认识两者的关系，对于搞好会计和审计理论方面的研究，充分发挥它们在经济管理和经济监督中的作用，具有重要的意义。

会计与审计的联系，概括地讲，主要表现在以下几个方面：第一，从审计字面上看，"审"有反复分析，推究之意，它包括审核和稽查两方面；"计"泛指会计行为。审计从狭义上可以理解为审查会计。第二，从传统审计的内容上看，它是以审查会计凭证、会计账目和会计报表为主要内容的，这些内容也是现代审计的主要内容。因此，传统审计就是查账。第三，两者基本作用一致，它们都要通过各自的活动，发挥各自的职能作用，以贯彻执行国家的财经政策、法令、制度和预算，维护社会市场经济秩序，改善经营管理，提高经济效益。

审计与会计的区别主要表现在以下几个方面。

（一）组织形式的区别

会计属于经济管理系统，处于管理过程。而审计则处于管理过程之外，属于与管理指挥系统平行的监督系统。会计部门只是单位内部的一个职能部门，反映和控制单位的价值运动，并直接参与企业经营管理。审计则不同，它是经济监督的一种形式，它站在第三者的立场，处于管理职能之外，独立行使监督权；它代表国家或上级审计机关、上级领导部门或单位领导进行监督检查活动，并具有法律效力和公证作用，而且有间接处理权。

（二）对象上的区别

会计监督的对象一般是一个经济单位对财务会计部分事项进行检查，不能超过经济业务的范围。而审计对象范围很广，它既可以对会计事项进行监督审查，也可以超越会计事项的范围，扩大到企业、事业单位的经营管理活动乃至对整个国民经济活动进行审查。

（三）职能上的区别

理论界对会计职能的表述虽有不同，但认为会计具有"反映和监督"，或"核算和监督"，或"反映和控制"等两大基本职能最为普遍。会计监督职能，是通过会计工作业务本身，对经济活动发挥监督作用。这种监督仅仅是处于管理过程之中，贯彻管理者的意图及反馈信息而已，不可能处于管理过程之外，监督管理者或作为控制者。因此，这种会计监督具有很大的局限性，更无独立性。审计监督有经济监督、经济司法、公证、控制、评价等职能，但其基本职能就是监督，其他职能都是由此派生出来的。审计监督处于管理过程之外，并有法律作保证，因此，审计可以从国家宏观经济效益出发，依照国家的政策、法律、法令对企、事业单位的财务收支和经济活动做出客观的实事求是的审查和评价。

（四）方法程序上的区别

会计方法主要是连续地、系统地、综合地、按时间顺序反映经济业务活动，它是完整的、前进的、建设性的。而审计方法是追溯的、分析的、批判的，它所监督的内容是部分的、不完整的，在时间上是间断的。

（五）规范准则上的区别

国家有关财经政策、法令是审计和会计应该共同遵守的规范，但会计主要根据会计法、会计准则、会计制度进行工作。而审计则根据审计法、注册会计师法和审计准则及有关的方针政策进行工作。

（六）执行者地位上的区别

会计人员是单位的组成部分，不处于客观的地位。审计人员是独立的第三者，他与会计工作、经济事项责任人均无利害冲突。

会计与审计关系还受到审计结构体系的影响，审计包括国家审计、社会审计与内部审计三部分，各自与会计的关系显然存有差异。前述讨论是以国家审计或社会审计为背景的。至于内部审计与会计的关系，两者均属于企业内部组织结构体系范畴，在我国现行实践中，内部审计与会计一般为并行关系。

会计量与经济学和统计学有着密切的联系。现代会计发展的趋势显示：现代会计的许多理念和思想正逐步应用于其他领域，拓展了会计发展的空间，使诸如"成本与效益"观念深入人心，现代会计的贡献功不可没。会计已经转变为大量社会关系的直接传导手段，其结果（财务会计报告）必然是各种社会关系的博弈均衡，所以，现实生活中将会计信息失真归咎于会计人员的观点是极端错误的。会计人员是否做假账并不取决于会计人员本身，而取决于各种利益集团博弈的结果。根据经济学中的"囚徒困境"理论，会计信息失真与会计环境密切相关。

第二节 会计环境理论

环境是指周围的情况和条件。系统理论认为，系统内部各构成要素之间的相互关系称为结构，即将会计环境分为内环境与外环境的观点不符合系统科学理论。

为解决"信息不对称"世界性难题，各国学者在进行会计理论研究时，都力求从本国国情出发，演绎符合本国国情的会计理论体系。世界各国并不存在一种可以照抄照搬的会计理论体系，如仅就会计模式而言，对会计理论体系产生较大影响的会计环境要素，按影响领域可以分为国内的会计环境和国际会计大环境两部分。按构成要素的权重一般分为经济因素、政治和法律因素、科学和教育因素以及历史文化传统等因素。

第三节　会计目标系统论

一、会计基本职能与基本目标

由于会计基本职能内显本质和结构、外联社会环境，是基本需求与可能的统一。会计目标是会计职能的具体化，应当根据会计基本职能，建立会计的基本目标。多数人基本同意会计具有反映和控制两大基本职能，只是表述有所不同，含义略有差异。基于反映职能，产生"如实提供信息"的目标，已成共识，毋庸多议。基于会计的控制职能，还应提出"加强经济管理"的基本目标。会计是经济管理的重要组成部分。从历史上看，会计的产生和发展，都为强化经济管理服务，并直接从事经济管理活动。会计是包括财务会计、管理会计、成本会计的大系统。包括总会计师在内的会计人员要协同有关部门建立、健全并实施规章制度，加强资金、成本和利润管理，进行分析、预测、考核，参与经济决策，这些显然都属于管理系统。不仅记账、算账、报账，还要用账。会计信息，首先并直接为会计人员所用。管理会计参与管理过程，已成共识。即使单就财务会计来讲，记账员要记好账，首先要对凭证进行审核，要注意所记内容的真实性、合理性。如材料账、商品账，要注意材料、商品是否数量足、质量好，是否适用或适销，是否有霉烂变质、损失浪费或贪污挪用，还要经常分析库存结构，减少或杜绝积压浪费，协同采购部门提出采购计划等，都是以强化经济管理为目标的具体的管理行为。财产清查也是管理活动。随着知识经济和会计电算化、网络化的发展，反映职能有所减轻，控制职能将愈益重要。所以，强化经济管理意识，对于每一个会计人员来说，都是不可或缺的。每一个会计人员，都要努力当好领导的参谋和助手。加强基础工作、强化经济管理，是突破当前会计工作薄弱环节、提高会计水平的关键，因而提出建立反映管理型会计的要求。所以要把如实提供信息、加强经济管理并列为会计的两大基本目标。

把提供有用信息作为编制财务报告的目标，以之作为财务会计或会计的基本目标之一，体现会计的反映职能和信息系统本质；以之作为会计唯一的基本目标，则给人以偏概全之感。倘若如此，显然是不正确的，因为还有大量经济管理工作需要会计人员来做，信息系统论的不足之处，正在于此。而且，统计目标也是提供信息，这样就无法对两者加以区别。

不仅管理会计有"参与管理过程"的职能，财务会计也具有控制职能，广大会计人员都要主动运用信息，强化经济管理，建立管理型会计。

作为会计基本目标之一，笔者建议用"如实提供信息"替代"提供有用信息"。不仅因为真实性是信息的生命，而且因为"有用"的含义已经体现在另一基本目标"加强经济管理"和总目标中。决策有用论和考核受托责任都属于"加强经济管理"，并且它是重要的内涵。

从基本目标的构成来看，如实提供信息是基础，加强经济管理是主导。提供信息，要从管理的需要出发，为加强经济管理服务。经济管理，包括会计人员和会计主体及所有使用会计信息的有关方面。信贷决策、投资决策，都属于经济管理。

二、会计总目标

会计目标是多层次的，基本目标为总目标服务，受总目标指导，总目标指导整个会计工作。

会计工作要"保证会计资料真实、完整，加强经济管理和财务管理，提高经济效益，维护社会市场经济秩序"。新时期会计改革与发展的总目标和基本原则是：建立以提高经济效益为目标，以强化经济管理为中心，有利于完善经营机制的基层单位会计管理体系。会计工作的总目标可概括为：提高经济效益和社会效益，维护社会市场经济秩序。有人认为，提高经济效益和社会效益是企业的总目标，以之作为会计目标，过于笼统，实难苟同。会计是经济管理的重要组成部分，是企业管理重要的职能工作。企业的总目标，必然也是会计的总目标，此其一。其二，建立经济效益会计和社会责任会计，已成共识。

从会计总目标来看，提高经济效益和社会效益，体现了市场经济和各种社会的共同要求；维护社会市场经济秩序，则体现了市场经济的特殊要求，它们都体现了会计的本质和基本职能。

三、会计具体职能与具体目标

会计职能、会计目标是多元的，除了基本职能、基本目标和总目标以外，还有具体职能、具体目标。后者受前两者制约。

既然会计目标是会计职能的具体化，会计具体目标必然是会计具体职能的具体化。具体职能是根据庞大的会计实践进行理论概括提炼出来的，与基本职能有密切的联系。

根据反映职能，建立如实提供信息的目标；根据控制职能，建立强化经济管理的目标。另外，会计的反映职能表现会计信息处理结构（确认、记录、报告、分析）和经济信息系统本质；会计的控制职能表现会计控制结构（规划、调节、监督、考评）和经济控制系统（或称管理活动）本质。

会计的具体职能和具体目标可概括为下述八种。

（一）确认——建立科学的账户体系，分类确认经济业务

运用会计科目和账户等专门方法，依据确认标准，识别经济业务如何输入会计系统，如何进行会计报告。

（二）记录——科学计量，系统记录

通过会计凭证、各种账簿，运用复式记账等会计方法，进行连续的、系统的记录，构成会计的特色之一。记录是会计确认的继续以及会计报告的基础和依据。

要记录，必须对经济业务进行计量和计算。为了科学计量，就要形成不同的计量单位、计量属性和计量模式。

（三）报告——提供真实、完整的财务报告

根据经过审核的会计账簿记录和有关资料，编制财务报告。财务报告由财务报表、附注和财务情况说明书组成。财务报告必须真实、完整，及时地提供给使用者，符合国家宏观经济管理的要求，满足有关各方了解企业财务状况及经营管理的需要，满足企业加强内部经济管理的需要。

（四）分析——分析经济情况，预测经济前景

根据财务报告及有关资料对财务状况和成本升降情况进行分析，对需要研究的经济情况进行分析，总结经验，发现问题，找出差距，分析原因，

提出改善工作的建议。

在深入分析的基础上科学地预测经济前景。

（五）规划——参与经济决策，规划经济活动

根据会计信息和其他信息，运用决策方法，提出最优方案，配合单位领导和有关部门，参与经济决策，编制经济计划，制定经济定额，划分责任单位，建议责任指标，拟定完成经济计划的措施。

（六）调节——参与调节经济活动，处理分配关系

根据计划目标，参与调节经济活动。参与制定规章制度，建立内部控制制度。加强成本管理，参与处理分配关系。

（七）监督——监督经济过程，保障资产安全

通过凭证审核、财产清查和稽核，消除账账、账实不符，发现并揭发贪污、浪费行为，防止弊端，保护资产和所有者的权益。

（八）考评——考评经济责任，为奖惩提供依据

对企业、部门和职工的经营业绩进行考核，联系经济责任制，奖优罚劣。

上述八种具体职能和具体目标，只是从会计工作的具体功能出发所进行的归纳。确认、记录、报告、分析，是会计基本职能的体现，用以认识、反映会计对象；规划、调节、监督、考评，是会计基本职能控制的体现，用以控制会计对象。可认为：基本职能体现在具体职能中，具体职能是基本职能的具体化和拓展。基于目标是职能具体化的认识，上文把每一种具体职能概括为两个字，其后是具体目标。而且具体目标，多种多样。每一项会计工作都有自己的具体目标。各种目标还有自己的数量目标、质量目标。比如，真实性、相关性、可比性、一贯性和明晰性等，就是会计信息的质量目标；合法性、效益性、合理性等，是会计控制的质量目标；及时性、重要性和群众性，是反映与控制的共同的质量目标

四、新职能、目标体系的优点

（一）概括全面

能够准确说明财务会计和管理会计的各层次的职能和目标。克服了把财务报告目标扩大为包括管理会计在内的会计目标的缺陷。"如实提供信息"可以包括决策有用论、受托责任论以及各方面需要的各种信息。"加强经济管理"，不仅是财务会计的目标，更是管理会计的目标。基本目标和总目标

是各种会计工作的目标。

（二）体现环境特征和时代要求

目标体系体现了建立市场经济体制的基本要求，符合实际。两大基本目标和总目标，更是针对时弊，有利于加强会计基础工作，建立反映管理型会计。

（三）体现会计本质，体现会计系统运行规律的要求

根据系统理论，本质是"结构的描述"。会计工作系统包括密切联系、互相渗透的信息处理结构和会计控制结构。两系统运行的规律性要求是如实提供信息、强化经济管理，提高经济效益和社会效益；维护市场经济秩序。这些已充分体现在会计目标中。

（四）促进会计理论和会计改革的发展，指导会计实践

按照质量目标，如实提供信息与强化经济管理，同时并举，较之已有的会计基本目标的几种提法，更为全面、合理；八种具体职能和具体目标也是对会计工作内容和要求的较为全面的概括，可以更好地指导会计准则的制定，推动会计工作的发展。会计职能系统、会计目标系统不仅自成系统而又密切联系，组成会计基础理论体系的子系统。

这样，会计环境、动因、本质、职能、目标密切联系，成为逻辑严密的前后一贯的会计基础理论体系。

会计职能系统、会计目标系统，既有作为"商业语言"的共同性，又有体现历史传统和社会环境特色的特殊性。

第六章　财务管理与会计

第一节　财务管理与会计的关系

在经济学上，财务管理和会计是两个不同的概念，很多人常常把这两个概念误以为是同一概念，其实这是错误的观点。财务管理和会计虽有着相似之处，但也有着本质的不同。

正确认识财务管理和会计的概念，掌握二者的区别和联系，将财务管理和会计正确、科学地运用到公司的管理上来，更好地发挥其功效，让企业管理走向正规化、科学化。

一、财务管理

财务管理是指依据国家的政策、法规，根据资金运动的特点和规律，科学地组织企业资金运动，正确地处理企业财务关系，以提高资金使用效率与企业经济效益的管理活动。简言之，财务管理是组织企业财务活动，处理财务关系的一项经济管理工作。企业经营生产活动的多样性和复杂性决定了财务管理的特点。

（一）财务管理的综合性

在企业里由于分权和分工的不同，企业管理的侧重点有所不同，有偏重使用价值管理的专业管理，有偏重劳动要素管理的专业管理，也有偏重信息管理的专业管理。随着社会经济发展的要求，财务管理的主要需求是通过对价值形式的运用从而实现对经营活动的有效管理。

（二）财务管理的广泛性

财务管理部门在企业中占有举足轻重的位置，企业的一切涉及钱款的事项都与财务管理相关联，每一个部门都会因为资金、钱款的使用和报销等经济行为而与财务管理部门产生联系，都要在财务制度的制约下，完成财务管理流程，接受财务部门的指导，合理地使用资金。

（三）财务管理的迅速性

企业的财务指标可以直观、迅速地反映出企业的生产和经营的状况。

企业管理决策的正确与否、企业经营是否合理、技术的先进程度、企业产销的顺畅度等，都能在企业财务指标中得到迅速反馈。

二、会计

随着社会的不断进步，生产力的变革带来了经济改革的浪潮，而会计也随着改革的脚步不断地完善和改进，从最初简单的对经济活动过程的消耗与所得进行计算，到现在会计除了众所周知的基本职能以外，还具有预测经济前景、参与经济决策、评价经营业绩等功能。

当今对会计的定义如下：会计是以货币作为主要计量单位，运用一系列专门的方法，对企事业单位经济活动进行连续、系统、全面和综合的核算和监督，并在此基础上对经济活动进行分析、预测和控制，以提高经济效益的一种管理活动。

三、财务管理与会计的区别

（一）会计与财务管理产生的历史条件和对象不同

财务管理，我们常称之为"理财"，是一项经济管理工作，是企业重要组成部分。财务管理是随着人类社会的经济、生活等发展到一定水平后随之产生的。并随着经济活动的发展，财务管理如今已经自立门户，成为一项独立的管理工作部门，财务活动是财务管理的对象。

（二）会计与财务管理具有不同的管理方式和职能

1. 管理方式不同

会计为职能管理活动提供了信息基础，会计是广义管理活动中的一个有机的组成部分而并不是一种管理活动。因为企业管理的信息系统的子系统之一是会计信息系统，所以会计本身有管理和维护的需要，因此，会计管理在针对会计的信息系统本身的管理时才具有相应的一些管理职能。

2. 两者职能不同

财务管理的管理职能表现在其直接处理人和货币的关系，是直接对财务的相关活动进行财务计划、组织活动、财务协调和财务控制的管理职能。

四、财务管理与会计的联系

财务管理与会计有着密切的联系，会计是财务管理的基础和核心。会计提供了企业财务信息的基础数据，而财务管理则对这些数据进行分析、评价、决策和监督，以实现企业财务目标的最大化。

具体而言，会计为财务管理提供了以下基础：

会计提供了企业经济活动的记录和分类，为财务管理提供了经济数据的基础。

会计提供了企业的财务报表，包括资产负债表、利润表和现金流量表，这些报表为财务管理提供了企业经营状况和财务状况的信息。

会计提供了财务分析所需的数据，如各项成本、费用和收入的组成、分析各项财务指标等，这些数据为财务管理提供了对企业经营活动的分析和决策支持。

总之，财务管理需要会计提供的经济数据作为基础，同时也需要对这些数据进行分析和决策。因此，财务管理和会计密不可分，两者相互依存，相互支持，共同推动着企业的健康发展。

第二节 新会计准则下财务管理的创新

一、新会计准则和财务管理之间的关系

（一）新会计准则的特征

新会计准则让财务信息变得更可靠，新准则中明确规定会计信息的最重要质量特征是可靠，会计确认、报告及计量必须用实际发生的事项或是交易为根据，如果会计确认信息不是真实的，那么会计信息质量不符合新会计准则的要求，新准则下的会计信息要能够真实反映满足确认要求的各种会计信息与要素，确保会计信息内容完整，且真实可靠。

（二）财务管理

财务管理是一种关于很多利益方的非正式关系及正式关系的制度安排，企业实行财务管理的最终目标是利用安排制度，使有关利益方的利益、权力及责任能够达到相互制衡的状态，最大化有关利益方的价值，实现公平和效

率充分结合在一起。财务管理的重心是配置财务管理权力，利用科学配置管理权，使财务控制的渗透性与广泛性增强，增大可控制区域范围，避免由于代理人各种道德问题，使相关利益流失，提升信息公平性与透明度。

（三）新会计准则的内容创新

新会计准则满足社会经济的发展要求，它在内容方面有很多创新：注重企业的长期稳定发展，在财务信息确认、计量及制作财务报表方面，明确了资产负债表的重要地位，对企业的短期行为做了一些限制；着重提升社会资源的配置效率，在制定财务报告的目标时，注意会计信息的决策作用。强调向投资者所提供的信号或信息具有价值性，会计信息要具有良好质量，且需要及时公开；使成本补偿制度更加完善，成本补偿制度根据国际化与市场化要求改进了核算成本的方法和思路；注意提升会计信息的透明度，切实保护社会公众和投资者的利益，披露信息方面，坚持充分披露原则；新准则和国际会计准则存有相似之处，它借鉴了国际财务准则，绝大部分事项都和国际财务准则趋同。

（四）新会计准则和财务管理之间的关系

实际上，新会计准则是一，种结合国际财务准则的有关规定而设计的与我国目前国情相符的会计核算制度。新准则主要由企业或公司来执行，企业或公司的内部管理结构，尤其是财务管理结构时新准则执行体的重要组成，公司要实行其财务管理目标，必须要提供具有较高质量的可靠的会计信息，公司提升其财务管理水平对新会计准则不断完善具有重要促进作用。所以，公司财务管理工作和新会计准则的执行是相互依存、相互，促进的关系。

二、新会计准则背景下的财务管理工作遇到的挑战

（一）对会计人员的要求更高

由于新会计准则是对旧会计准则的完善和补充，因此，会计人员只有全面地提高自身的专业素质，才能够保证对新会计准则研究的深入和具体，也才能够保障新会计准则应用的合理性。但是，从目前会计人员的整体水平来看，虽然会计人员的专业水平在不断地提高，但是，依然有部分会计人员没有加强学习和加强自我监督，进而导致无法对新会计准则进行科学的运用，影响到新会计准则应用的合理性，对财务管理工作造成较大的影响，长此以往造成的后果较为严重，因此，应该引起财务部门的高度重视，通过采

取有效的措施，提高会计人员的专业素质，以更好地完成财务管理工作。

（二）要求财务管理制度更完善

在新会计准则实施下，应该进一步完善财务管理制度，结合实际情况以及财务管理的特点对财务管理制度进行完善，这样才能够保证财务管理的良好发展。

（三）要求深化财务改革

伴随着社会经济的不断发展，财务管理工作也应根据社会经济的发展情况进行不断的改革。尤其是新会计准则颁布以来，在实际的工作中，应该不断地深化财务改革。但是，从实际的工作来看，并没有根据新会计准则中的相关要求进行财务改革，影响到财务管理水平的提高，严重地阻碍了财务管理工作的顺利开展。

三、新会计准则对于财务管理的作用

（一）在财务管理环境的作用

对于存货期末的计价方法以及公允价值等方面，新会计准则可以说做出了一定的改动，对于会计处理方面增加了诸多的规制性的条件，从而提高了会计信息的质量，使得它更加有利于相关人员的利益。在信息获取方面也减低了成本，从而使得资本市场更加的繁荣，这在很大程度上有利于财务管理环境的改善。

（二）在企业财务活动方面的作用

第一，我们分析一下公允价值。与旧的准则相比，公允价值是较为契合现金流量的现值计算的原则的，从而有利于企业实施财务活动决策时现值的计算以及成本效益的衡量等。所以说若公允价值能够被广泛地运用，它将会使得财务信息的反映方面更加精准，从而提供财务活动中的财务支持。不过需要注意的是公允价值也可能会为企业带来不利的影响。我们知道确定公允价值的方式是以价格以及现金流量的净现值为参照，它需要一些人员的价值性的判定，这就无形之中为企业留下了利润调解的空间。关于企业的毛利率的增加等或许各个财务指标只是企业利润操纵的一个工具，由一些积极的数据对相关人员实行欺骗，这样做的目的就是更好的筹资。

第二，是资产减值准备。基于新会计准则，企业计提的资产减值准备不允许冲回，断绝了通过减值准备来回冲回的财务手段操纵利润的行为，使

得费用指标比较稳定，而且能够针对企业的净产值有一个较为客观的反映，这是与净现值理论相符合的。而新的减值准备在很大程度上可以确保对投资的正确计量，同时也可以在企业的投资活动决策方面提供一定的财务性的支持。

第三，是重组债务。新会计准则对原先债务重组的获利进行了转移，即从资本公积转到了当期损益，这在一定程度上对所有者的权益降低了，而企业利润则增加了，进而提高了企业利润方面的相关指标。不过其实也只是表面上的利润，在实际中是没有利润的。这无疑对财务方面增加了风险度。因此进行企业财务活动的评价以及决策中要注意这一点。

第四，是存货计价方法方面。新会计准则背景下，企业在发出存货的实际成本计价方法中取消了"后进先出法"，可以说对于较长生产周期的企业来说，其影响是比较大的，在一定程度上它制约了企业由随意变更计价方法实施利润调节。这对于核算存货周转率是十分有利的，同时对于供应量以及储备存货量的确定也是十分有利的，它也可以节约存储成本等，进而减低总的成本，实现对于成本的有效控制。

（三）对财务管理决策的作用

对于新会计准则而言，它比较重视企业财务信息有用性和对受托责任履行评价的支持，它指向于企业价值的持续性的增长，对企业的现金流量信息以及资产质量是比较重视的，这一观念的转变对于财务决策而言，其影响是非常直接的。

四、新会计准则下企业财务管理的创新

（一）完善企业内部财务管理制度

企业财务管理是企业管理控制系统的一部分，其实质是通过对财务管理权力的合理分配、企业资源的优化整合以及资金、资产的有效使用，达到资源配置最佳、资源配置效率提升以及控制企业风险的目标，实现向企业战略趋近的愿望。财务管理的战略性体现在它沟通了企业战略与经营理财活动的关系，使企业战略意图得以具体贯彻，长短期财务管理计划得以衔接。企业有效的管理控制系统作用的发挥还体现在管理层运用财务管理功能实现规划和控制目标上。管理层通过制定战略并利用财务管理手段贯彻实现目标的各种行为，通过财务业绩来评价经营活动。财务管理在企业中运用的实践证明，通过财务管理控制可以分解落实战略思想，整合优化资源配置，将控制渗透到企业的各个业务单元，从而带动企业整体管理控制水平的提升。

企业管理已从传统的业务管理层次逐步转变为战略管理层次，就内涵层面分析，结合企业经营管理现状，战略财务管理已然成为现代企业战略管理的重要组成部分，也日益成为现代财务管理的开拓性发展模式。

（二）加强企业投资活动风险管理

企业通过筹资活动取得资金后，进行投资的类型有三种：一是投资生产项目，二是投资证券市场，三是投资商贸活动。投资项目并不都能产生预期收益，从而引起企业盈利能力和偿债能力降低的不确定性，如投资项目不能按期投产，无法取得收益或虽投产但不能盈利，反而出现亏损，导致企业整体盈利能力和偿债能力下降，虽没有出现亏损，但盈利水平很低，利润率低于银行同期存款利率；或利润率虽高于银行存款利息率，但低于企业目前的资金利润率水平。由于存在风险，投资者所要求的超过资金时间价值，用于回报承担投资风险的那部分额外报酬，称为收益。在进行投资风险决策时，其重要原则是既要敢于进行风险投资，以获取超额利润，又要克服盲目乐观和冒险主义，尽可能避免或降低投资风险。在决策中要追求的是一种收益性、风险性、稳健性的最佳组合，或在收益和风险中间让稳健性原则起着一种平衡器的作用。

现代企业财务管理不同于传统企业财务管理，要做好企业财务管理工作，必须树立新的理财观念。所谓财务管理观念，是指从企业财务管理实践中抽象出来的理论观点和思维方法。企业自主经营，自负盈亏，自我发展，自我约束，就必然要求企业自主理财。自主理财首先要明确理财主体。

理财主体是独立进行财务活动、实施自主理财的单位或个人，它界定了财务活动的空间范围。只有明确理财主体，才能明确财务管理权限和责任。在所有权和经营权分离的条件下，所有者和经营者对各企业财务管理具有不同的权限，要进行分权管理。这也是现代企业制度要求产权清晰、权责明确、政企分开、管理科学的本质要求。

在市场经济条件下，企业价值与股东财富的增长取决于企业可持续盈利成长能力，而传统企业追求的盈利能力最大化不如盈利成长能力最大化，而盈利成长能力最大化又不如可持续盈利成长能力的最大化。

（三）做好基础财务管理，提高竞争力

财务管理工作是贯穿企业生产和经营全过程的一项重要工作，完善合理的财务管理是促进企业综合竞争力提高的基础。财务管理制度的建设过程中，应越来越重视整个社会文化环境对财务管理制度的影响。财务文化主要包括财务物质文化、财务行为文化、财务精神文化以及财务管理制度文化，其中，财务管理制度文化是指介于有形的财务物质文化和无形的财务精神文化之间的一种文化状态。财务管理制度文化的主体是财务管理制度，财务管理制度文化的实施系统也是各种具体的财务管理制度。

长期以来，我们重视财务管理本身的研究，亦重视财务管理制度的制定和实施，但很少涉及财务管理制度文化这一层次。财务管理制度的完善必然会直接触及整个社会的一般文化传统和文化背景，企业内部的财务管理制度的制定必须依据现时的财务管理制度文化，与之相吻合、相适应，这样才能使制度为人们所信任和有效可行。

第三节　会计实务操作流程

一、建账要求与方法

设置会计账簿是会计实务中最基础的工作，任何单位在开展经济业务活动之前都应根据会计制度的规定，结合本单位的实际需要，设置必要的会计账簿，建立完整的账簿体系。

（一）建账的方法

1.填写账簿启用表

按照规定和需要取得各种账簿后，应在账簿的封面标明各账簿的名称，然后按照规定填写账簿启用表。账簿启用表设在订本式账簿的第一页，活页式账页的每一札也都附有账簿启用表。

填写的主要内容包括以下几项。

账簿启用日期和启用的起止页数；

记账人员和会计主管的姓名并加盖名章；

单位名称（并在规定的位置上加盖单位财务专用章）。

2. 按照国家税法规定交纳印花税

按照我国税法规定，各单位用于经营活动的营业性账簿启用时，需向政府交纳印花税，只有按税法规定交足印花税的营业账簿才具有法律效力。营业账簿的印花税，分别按资金账簿和其他账簿计征。记载资金的总分类账簿的计税依据以"实收资本"和"资本公积"两个账户所记载金额合计数的万分之五（0.5‰）交纳印花税，其他账簿，包括日记账和各明细账，都按册交纳印花税，每册 5 元。

3. 按照会计要素的具体项目填写账户名称

根据我国现行企业会计制度的规定，查阅会计科目表，用口取纸填写各账户的会计科目，并将其粘贴在账页上。

4. 根据会计资料将期初余额填入各日记账、明细账和总账

（二）建账时应注意的问题

建账时所填写的内容应使用蓝黑或碳素墨水笔；

建账时如书写错误，应按照会计法规规定的方法更正；

印花税按年交纳，由会计人员自行计算、自行贴花、自行加盖印鉴、自行画线注销。

二、建账实务操作流程

在各种账簿的封面上写明账簿的名称→按照账簿启用规则的要求登记各种账簿的启用表→粘贴各营业账簿的印花税→按会计要素的分类，用口取纸填写会计科目并粘贴在账页上→将各账户的期初余额登记入账。

第四节　会计凭证模拟实训

一、原始凭证的填制与审核

（一）原始凭证的填制要求与方法

原始凭证的内容包括凭证的名称、填制凭证的日期、填制凭证的单位名称或者填制人名称、经办人员的签名或者盖章、接受凭证单位名称、经济业务的内容、数量、单价和金额。

从外单位取得的原始凭证，必须盖有填制单位的公章；从个人处取得的原始凭证，必须有填制人员的签名或者盖章。自制原始凭证，必须有经办

单位领导人或者其指定的人员签名或者盖章。对外开出的原始凭证，必须加盖本单位公章。

凡填有大写和小写金额的原始凭证，大写与小写金额必须相符。购买实物的原始凭证，必须有验收证明。支付款项的原始凭证，必须有收款单位和收款人的收款证明。

一式几联的原始凭证，应注明各联的用途，只能以一联作为报销凭证。一式几联的发票和收据，必须用双面复写纸（发票和收据本身具备复写纸功能的除外）套写，并连续编号。原始凭证作废时，应当加盖"作废"戳记，连同存根一起保存，不得撕毁。

发生销货退回时，除填制退货发票外，还必须有退货验收证明；退款时，必须取得对方的收款收据或者汇款银行的凭证，不得以退货发票代替收据。

职工出差借款凭据，必须附在记账凭证之后。收回借款时，应当另开收据或者退还借据副本，不得退还原借款收据。

经上级有关部门批准的经济业务，应当将批准文件作为原始凭证附件。如果批准文件需要单独归档的，应当在凭证上注明批准机关名称、日期和文件字号。

原始凭证不得涂改、挖补。发现原始凭证有错误的，应当由开出单位重开或者更正，更正处应当加盖开出单位的公章。如果金额错误，只能重开，不能更正。

（二）填制原始凭证应当注意的问题

1.原始凭证字迹必须清晰工整

书写原始凭证时具体要注意以下几点：

阿拉伯数字应当一个一个书写，不得连笔，数字金额前应书写货币符号。

所有以元为单位（其他货币种类为货币基本单位，下同）的阿拉伯数字，除表示单价等情况外，一律填写到角分；无角分的，角位和分位可写"00"，或者加符号"-"；有角无分的，分位应当写"0"，不得用符号代替。

汉字大写数字金额如零、壹、贰、叁、肆、伍、陆、柒、捌、玖、拾、佰、仟、万、亿等，一律用正楷或者行书体书写，不得用〇、一、二、三、四、五、六、七、八、九、十等数字代替，不得任意自造简化字。大写金额数字到元或者角为止的，在元或者角字之后应当写"整"字，分位后面不写"整"字。

大写金额数字前未印有货币名称的，应当加填货币名称，货币名称与金额数字之间不得留有空白。

阿拉伯金额数字中间有"0"时，汉字大写金额要写"零"字；阿拉伯数字金额中间连续有几个"0"时，汉字大写金额中间只写一个"零"字；阿拉伯金额数字元位是"0"，或者数字中间连续有几个"0"，元位也是"0"，角位不是"0"时，汉字大写金额可只写一个"零"字，也可以不写"零"字。

2.原始凭证日期的填写

原始凭证的填写日期一般为经济业务发生或者完成的日期。如果在业务发生或者完成时，因各种原因未能及时填写原始凭证的，应以实际填制凭证日期为准。

3.原始凭证的数量与金额的计算要正确无误

二、记账凭证的填制与审核

（一）记账凭证的填制要求与方法

记账凭证必须具备以下内容：日期、编号、内容摘要、会计科目、金额、所附原始凭证张数、有关人员的签名或盖章。

记账凭证应连续编号。

记账凭证应根据审核无误的原始凭证进行填制，并且记账凭证后必须附有原始凭证（结账和更账除外）。

填制记账凭证时如果发生错误，应重新填制。

填制记账凭证时的字迹必须清晰、工整。

记账凭证填制完经济业务事项后，如有空行，应当自金额栏最后一笔金额数字下的空行处至合计数上的空行处画线注销。

（二）记账凭证填制时应注意的问题

1.记账凭证的日期、编号、摘要的填写要规范

（1）记账凭证的日期填写

一般为填制记账凭证的当天日期，但是在实际工作中，要根据具体情况来填写。涉及银行存款的收付时，一般根据银行的进账凭单或回执填写收款凭证；根据银行付款单据的日期或承付日期填写付款凭证；出差人员报销差旅费时，应当填写报销当日的日期；现金首付时应根据实收付日期填写。

（2）记账凭证的编号

可在填写记账凭证时填写，或在装订时填写，也可在月末填写。编号时，要根据收付款凭证分别编号，复杂的会计事项，需要填制两张以上的记账凭证时，可采用分数编号法进行编号。

（3）记账凭证的摘要应填写简明、扼要

具体应注意：收付款凭证的摘要应写明收付款对象的名称、款项内容，如使用转账支票付款的，还应写明支票号码。购入材料等业务的摘要，应写明供货单位名称和所购材料的主要品种、数量等内容，对于冲销或补充的调整业务，在填写内容摘要时，应当写明被冲销或补充记账凭证的编号及日期。

2.记账凭证的金额数字应填写正确

记账凭证的金额必须与原始凭证的金额一致。在填写金额数字时，应注意以下几点：①阿拉伯数字书写要规范，应平行对准借贷栏次和科目栏次，防止错栏串行。②金额数字要填写到分位。如果角位没有数字，分位没有数字，则在分位上写"0"字样。③角分位的数字与元位及以上数字的位置应在同一水平线上，不得上下错开。④在合计数前面要填写货币符号"￥"，不是合计数，不填写货币符号。货币符号与数字之间不得留有空白。

3.记账凭证所附原始凭证张数要准确

4.记账凭证填制完成后，需要有关财务人员签名或盖章

三、会计凭证的装订

目前，会计凭证的装订分手工装订和机器装订。机器装订如同装订图书，一般单位不用。下面我们介绍手工装订的一种简单方法与程序。

（一）加具封面

将科目汇总表附在会计凭证封面之下、会计凭证之前，整理整齐，用铁夹夹紧。

（二）具体装订方法

将凭证向左上角磕齐后打孔。

用线绳订好。

将结打在背面，用纸条封好盖章。

第七章　预算会计与政府会计

第一节　预算会计总论

一、预算会计的概念

预算会计是以预算管理为中心的宏观管理信息系统和管理手段，是核算、反映和监督中央与地方各级政府财政总预算，以及各级各类行政、事业单位收支预算执行情况及其结果的一种专业会计。

各级政府和行政、事业单位的性质、任务、资金运动方式等方面与企业存在显著区别，因此预算会计与企业会计不仅核算对象、任务不同，而且核算的内容、方法也有很大差别。与企业会计相比，预算会计的特点主要表现为：

一是适用范围不同。预算会计适用于各级政府财政部门、各类行政和事业单位，会计主体具有明显的非营利性。而企业会计适用于以营利为目的的从事生产经营活动的各类企业。

二是会计核算的基础不同。预算会计中，财政总预算会计和行政单位会计以收付实现制为会计核算基础；事业单位会计根据实际情况，分别采用收付实现制和权责发生制为会计核算基础。企业会计均以权责发生制为会计核算基础。

三是会计要素构成不同。预算会计要素有五大类，即资产、负债、净资产、收入和支出。企业会计要素有六大类，即资产、负债、所有者权益、收入、费用和利润。会计内容预算会计与企业会计也存在较大差异。

四是会计等式不同。预算会计的恒等式为：资产 = 负债 + 净资产 + 收入 − 支出 = 结余。

企业会计的恒等式为：资产 = 负债 + 所有者权益 + 收入 − 费用 = 利润。

五是会计核算方法不同。在预算会计中，固定资产一般与固定基金相对应，固定资产不计提折旧；对外投资一般与投资基金相对应；对专用基金实行专款专用；一般不实行成本核算，即使有成本核算，也是内部成本核算；一般没有损益的核算。

二、预算会计的基本前提及信息质量要求

（一）预算会计的基本前提

预算会计基本前提也称预算会计基本假设，是组织预算会计工作必须具备的前提条件。预算会计基本前提主要有会计主体、持续运行、会计分期和货币计量。

1. 会计主体

会计主体是指预算会计工作特定的空间范围。明确会计主体，可以明确提供会计信息的特定边界范围。

财政总预算会计的主体是各级政府，而不是各级政府的财政部门。因为财政总预算各项收支的收取和分配是各级政府的职权范围，故财政部门只能代表政府执行预算，充当经办人的角色。行政单位会计的主体是各级各类行政单位。事业单位会计的主体是各级各类事业单位。

2. 持续运行

持续运行是指预算会计主体的各项经济业务活动持续不断地运行下去。预算会计应以各级政府财政以及行政事业单位能够持续不断地运行下去，作为组织正常会计核算的基本前提，若没有持续运行的前提条件，则一些公认的会计处理原则将失去存在的基础，一些常用的会计核算方法将无法采用，一些重要的会计理论和概念将没有根据。

3. 会计分期

会计分期也称会计期间，是指将会计主体持续运行的时间人为地划分成时间阶段，以便分期结算账目，编制会计报表，向有关方面提供会计信息。预算会计期间的起讫日期采用公历日期，细分为年度、半年度、季度和月份。

4. 货币计量

货币计量是指预算会计核算以人民币作为记账本位币。对于业务收支以外币为主的行政、事业单位，也可以选定某种外币作为记账本位币进行会

计核算，但在编制会计报表时，应当按照编报日期的人民币外汇汇率折算为人民币予以反映。

政府财政以及行政事业单位的财务活动，一方面，可以反映政府财政以及行政事业单位的业务意图和工作方向；另一方面，随着人民群众参政议政和民主理财意识的不断增强，相应财务活动的货币数量信息也越来越受到社会各方的关注。

（二）预算会计的信息质量要求

预算会计的信息质量要求是指处理具体会计核算业务的基本依据，是对会计核算工作提供会计信息的基本要求。其主要有真实性原则、相关性原则、可比性原则、全面性原则、及时性原则、明晰性原则、实质重于形式。

1. 真实性原则

真实性原则也称客观性原则，是指会计核算应当以实际发生的经济业务为依据、如实地反映各项业务活动的实际情况和结果。真实性是对会计核算工作和会计信息质量的基本要求，遵循真实性应做到：会计核算的内容必须以实际发生的经济业务或事项为依据，做到内容真实、数字准确、手续完备。预算会计信息只有真实客观，才能有助于做出正确的评价和决策。

2. 相关性原则

相关性原则也称适应性原则，是指会计信息应当符合国家经济社会管理的要求，满足预算管理和有关方面了解政府财政以及行政事业单位财务收支情况及其他相关情况的需要，并有利于加强财政财务的管理。预算会计为适应政府财政财务管理改革和发展的需要，不断地进行改革和发展，并在此过程中，也推动了政府财政财务管理的改革和发展。

3. 可比性原则

可比性原则是指会计核算应当按照统一规定的会计原则、制度和方法进行，同类会计主体中不同单位发生的相同或者相似的经济业务或事项，应当采用统一的会计政策，确保同类单位会计信息口径一致，相互可比。将预算会计信息在前后各期进行比较，可以知道政府财政以及行政事业单位的各项财政财务管理政策是否得到落实，并进一步可以知道财政财务管理改革与发展的内容与方向。将预算会计信息在不同单位之间进行比较，可以知道各级政府财政的相对财力，不同行政事业单位之间日常公用经费开支的差别等，从而为制定有关的财政和财务管理政策提供信息依据。

4. 全面性原则

预算会计主体应当将发生的各项经济业务或者事项统一纳入会计核算，确保会计信息能够全面反映预算会计主体预算执行情况和财务状况、运行情况、现金流量等。

5. 及时性原则

及时性原则是指预算会计核算应当及时进行，不得提前或者延后。在月末或者年度终了，预算会计应当按照规定的时间及时完成会计报告的编制，并及时向有关方面报告，及时提供会计信息，可以及时发挥会计信息在经济决策中的作用，也便于出资者和债权人及时了解单位的财务状况和运营成果。

6. 明晰性原则

明晰性原则是指预算会计记录和会计报告应当清晰明了，便于会计信息使用者理解和利用；对重要复杂的经济业务或事项，应用规范的文字单独加以表达反映。

7. 实质重于形式

预算会计主体应当按照经济业务或者事项的经济实质进行会计核算，不限于以经济业务或者事项的法律形式为依据。在实际工作中，交易或事项的外在形式或人为形式并不能完全真实地反映其实质内容。会计信息拟反映的交易或事项，必须根据交易或事项的实质和经济现实，而非根据它们的法律形式进行核算。

三、预算会计要素及等式

（一）预算会计要素

预算会计要素是指对预算会计核算对象的基本分类，主要有资产、负债、净资产、收入和支出五类。

1. 资产

资产是指会计主体所占有、控制或使用的、能以货币计量的经济资源，包括各种财产、债权和其他权利。

根据有关预算会计制度的规定，各种不同预算会计主体的资产构成具有很大差别，其具体内容如下。

（1）财政总预算的资产

财政总预算的资产是指政府财政占有或控制的、能以货币计量的经济资源，包括财政存款、有价证券、应收股利、借出款项、暂付及应收款项、预拨经费、应收转贷款和股权投资等。

（2）行政单位的资产

各级行政单位的资产是指行政单位占有或使用的、能以货币计量的经济资源，包括流动资产、固定资产、在建工程和无形资产等。

（3）事业单位的资产

各类事业单位的资产是指事业单位占有或者使用的、能以货币计量的经济资源，包括货币资金、短期投资、应收及预付款项和存货等。

2. 负债

负债是指会计主体承担的能以货币计量、需以资产或劳务偿还的债务。各预算会计主体的负债的具体内容如下。

（1）财政总预算的负债

财政总预算的负债是指政府财政所承担的、能以货币计量、需以资产偿付的债务，包括应付国库集中支付结余、暂收及应付款项、应付政府债券、借入款项、应付转贷款、其他负债和应付代管资金等。

（2）行政单位的负债

各级行政单位的负债是指行政单位所承担的、能以货币计量、需以资产等偿还的债务，包括应缴财政款、应缴税费、应付职工薪酬、应付及暂存款项和应付政府补贴款等。

（3）事业单位的负债

各类事业单位的负债是指事业单位所承担的、能以货币计量、需以资产或者劳务偿还的债务，包括短期借款、应付及预收款项、应付职工薪酬和应缴款项等。

3. 净资产

净资产是指资产减去负债的差额。各预算会计主体的净资产的具体内容如下。

（1）财政总预算的净资产

财政总预算的净资产是指政府财政资产减去负债的差额，包括一般公共预算结转结余、政府性基金预算结转结余、国有资本经营预算结转结余、财政专户管理资金结余、专用基金结余、预算稳定调节基金、预算周转金、资产基金和待偿债净资产等。

（2）行政单位的净资产

各级行政单位的净资产是指行政单位资产扣除负债后余额，包括财政拨款结转、财政拨款结余、其他资金结转结余、资产基金和待偿债净资产等。

（3）事业单位的净资产

各类事业单位的净资产是指事业单位资产扣除负债后的余额，包括事业基金、非流动资产基金、专用基金、财政补助结转结余和非财政补助结转结余等。

4. 收入

收入是指国家或单位依法取得的非偿还性资金。各预算会计主体的收入的具体内容如下。

（1）财政总预算的收入

财政总预算的收入是指政府财政为实现政府职能、根据法律法规等所筹集的资金，包括一般公共预算本级收入、政府性基金预算本级收入、国有资本经营预算本级收入、财政专户管理资金收入、专用基金收入、转移性收入、债务收入和债务转贷收入等。

（2）行政单位的收入

各级行政单位的收入是指行政单位依法取得的非偿还性资金，包括财政拨款收入和其他收入。

（3）事业单位的收入

各类事业单位的收入是指事业单位开展业务及其他活动依法取得的非偿还性资金，包括财政补助收入、事业收入、上级补助收入、附属单位上缴收入、经营收入和其他收入等。

5. 支出

支出是指政府或单位按照批准的预算所发生的资金耗费和损失。各预算会计主体的支出的具体内容如下。

（1）财政总预算的支出

财政总预算的支出是指政府财政为实现政府职能，对财政资金的分配和使用，包括一般公共预算本级支出、政府性基金预算本级支出、国有资本经营预算本级支出、财政专户管理资金支出、专用基金支出、转移性支出、债务还本支出和债务转贷支出等。

（2）行政单位的支出

各级行政单位的支出是指行政单位为保障机构正常运转和完成工作任务所发生的资金耗费和损失，包括经费支出和拨出经费。

（3）事业单位的支出

各类事业单位的支出是指事业单位开展业务及其他活动发生的资金耗费和损失，包括事业支出、对附属单位补助支出、上缴上级支出、经营支出和其他支出等。

（二）会计等式

会计等式是在反映和计量经济业务时，对会计要素用平衡方程的方式表示。会计等式表明了各项经济业务发生时会计要素的关系。会计等式是检验会计核算正确与否的参照式，有资金等式、结余等式和特定条件等式三种。

1. 静态的资金等式

资金等式是反映资金来源和占用的等式，根据会计要素的定义可得：

资产 = 负债 + 净资产

本等式是表示某一时点上资产、负债和净资产的平衡关系，该等式在任何条件下均成立，是一个恒等式。因此，本等式是预算会计编制资产负债表的理论基础。由于该等式是静态的资金等式，因此相应地组成该等式的三大会计要素被称为静态的会计要素。

2. 动态的结余等式

结余等式是反映业务活动收支关系的等式，根据会计要素的定义可得等式：

结余 = 收入 − 支出

本等式是收支的执行结果，属于动态的等式，也是一个恒等式。本等式是编制收支执行情况表的理论基础。该等式中的收入、支出被称为动态的会计要素。

3. 特定条件等式

特定条件等式是对以上两个等式进行合并处理后得到的等式，表示为等式：

资产 + 支出 = 负债 + 收入 + 净资产

本等式全面反映了五大会计要素的关系，是以上两个等式基础上的综合，是全面反映各要素之间转换关系的等式。

预算会计是为加强预算管理服务的。预算管理体系决定了预算会计的组成体系。

财政总预算会计是指各级政府财政部门核算、反映和监督政府预算执行的专业会计。

财政总预算会计的主要核算对象是财政预算内资金的收支活动，提供的是政府预算执行情况的会计信息，服务于政府的各项管理活动。财政总预算会计核算的主体是各级政府，而执行机构是各级政府的财政机关。作为政府的理财机构，各级政府的财政部门与本级政府的预算制定，组织本级财政收支的会计核算，负责本级预算的执行。

第二节 政府会计

一、政府会计的概念和组成体系

（一）政府会计的概念

会计是对各个会计主体的经济业务，以货币为主要计量单位，借助专门的程序和方法，进行全面、连续、系统的核算和监督，并依据会计核算信息和其他技术经济信息，参与各会计主体经营管理的一种管理活动。会计存在的目的是为社会组织实现运行目标而服务。

政府是一个国家的统治机构，与国家密切联系，以国家存在为前提，是国家权力的代表和执行机关，其行使国家公权力，为社会提供纯公共产品。政府基于公共受托责任，分为政权政府和政府办事机构。非营利组织不以营利为目的，为社会提供准公共产品，资源的提供者不要求经济回报，包括公立非营利组织和私立非营利组织。基于上述社会组织的分类，会计一般被分为营利组织会计（企业会计）、政府与非营利组织会计；政府与非营利组织会计又分为政府会计和非营利组织会计。

一般而言，企业会计是以营利为目的，以资本循环为中心，适用于各类企业的一种专业会计。至于政府会计，目前并没有统一的表述。按照国际会计准则委员会的规定，政府会计被定义为：用于确认、计量、记录和报告政府和政府单位财务收支活动及其受托责任的履行情况的会计体系。民间非营利组织会计则是不以营利为目的，以财务收支活动为核心，适用于民间非营利组织的一种专业会计。

无论如何定义，政府会计作为会计系统的一个分支，同其他会计一样，也是以货币为计量单位，对其会计主体的经济业务进行连续、系统、完整的核算、反映和监督的一种经济管理活动。政府会计作为一种经济管理活动，其主要职能是对政府会计主体的资金活动进行连续、系统、完整的核算、反映和监督。

（二）政府会计的组成体系

1. 基于财政资金活动的政府会计组成体系

基于财政资金活动的角度，现行的政府会计体系由财政总预算会计、政府单位会计以及参与预算会计执行的国库会计、收入征解会计等组成。其中，财政总预算会计和政府单位会计是政府会计体系的基本组成部分，财政总预算会计是核心，政府单位会计是财政总预算会计的延伸；而国库会计、收入征解会计作为参与国家预算执行的专门会计，同财政总预算会计、政府单位会计共同组成了政府会计体系，对财政资金活动进行系统会计核算。

（1）财政总预算会计

财政总预算会计是各级政府财政核算、反映、监督政府一般公共预算资金、政府性基金预算资金、国有资本经营预算资金、社会保险基金预算资金以及财政专户管理资金、专用基金和代管资金等资金活动的专业会计。

（2）政府单位会计

政府单位是指与本级政府财政部门直接或者间接发生预算拨款关系的行政单位和事业单位。政府单位会计是政府单位核算、反映、监督本单位各项资金运动的会计，包括行政单位会计和事业单位会计。根据机构建制和经费领报关系，政府单位会计的组织系统可分为主管会计单位、二级会计单位和基层会计单位三级。

（3）参与预算执行会计

财政总预算会计负责财政总预算的执行，办理政府预算收支，但不直接"收纳预算收入，也不直接花钱办事"，具体财政总预算会计业务则由参与预算执行的会计执行。由此，参与预算执行的会计也构成政府会计的一个组成部分。国库会计是核算、反映和监督政府收入的收纳、划分、报解和库款支拨的专业会计。收入征解会计是核算、反映和监督税收征收机关（税务部门和海关）组织各项税收的实现、征收、上解、入库、减免的专业会计，包括税收会计和关税会计。

（4）政府会计各组成部分的关系

就一级政府预算而言，在上述政府会计体系中，财政总预算会计作为核算、反映和监督本级政府预算收支执行以及财政资金活动的专业会计，掌握本级财政预算收支的全面情况和结果，处于主导地位；政府单位会计和参与预算执行的国库会计、收入征解会计在财政总预算会计的业务指导下开展核算工作，并向财政总预算会计报送会计报表。

政府单位会计和财政总预算会计的关系，主要表现为缴拨款和业务指导监督关系。

一方面，政府单位的单位预算是同级政府预算的重要组成部分，在按照核定预算和分月（季度）用款计划接受财政总预算会计核拨的财政拨款的同时，还要将在组织单位业务活动中依法取得的应当上缴财政的资金及时足额上缴财政。这些缴拨款项在财政总预算会计和政府单位会计中均要予以核算和反映。另一方面，政府单位会计必须接受同级财政总预算会计的管理与监督，执行本级财政部门提出的检查意见。

从参与预算执行会计与财政总预算会计的关系看，收入征解会计作为核算、反映和监督各级政府预算执行中税收组织、实现和缴纳的会计，是政府会计的起点；国库会计作为核算、反映和监督政府收入的收纳、划分、报解和库款支拨的专业会计，是各级预算执行的重要部门，起桥梁和纽带作用；而财政总预算会计则是政府会计的终点。因此，在预算执行中，财、税、库是组织、管理和核算、反映、监督各级财政预算收入实现的重要部门，它们之间相互提供有关资料、文件和报表，密切协作，共同为完成预算服务。在会计核算上，通过相同的原始凭证，实现财、税、库的相互牵制。比如，税收缴款书，国库收纳后作为国库会计收纳预算收入的入库凭证，国库每日根据税收缴款书编制预算收入日报表，同时报送财政部门和收入征收机关。

财政总预算会计根据国库会计报送的预算收入日报表进行预算收入的账务处理，收入征解会计根据国库会计报送的预算收入日报表对入库税款进行账务处理。根据相同原始凭证处理账务，财、税、库可以相互牵制、相互监督，保证预算收入的真实、准确。各级国库将所入库的预算收入按预算级次、预算科目，定期与同级财政机关和征收机关进行账务核对，保证财、税、库的数字一致。

2. 基于政府会计功能的政府会计构成

政府会计由财务会计和预算会计构成。政府财务会计是指以权责发生制为基础对政府发生的各项经济业务和事项进行会计核算，反映和监督政府财务状况、运行情况、运行成本和现金流量等信息的会计；政府预算会计是指以收付实现制为基础对政府预算执行过程中发生的全部收入和全部支出进行会计核算，主要反映和监督预算收支执行情况的会计。由此，同一政府会计主体的会计核算系统中，同时设有财务会计和预算会计两个核算系统，通过财务会计系统对政府会计主体的资产、负债、净资产、收入、费用五个要素进行核算，通过预算会计系统对政府会计主体的预算收入、预算支出和预算结余三个要素进行核算，以实现政府会计的财务会计与预算会计的双重功能。

二、政府会计的基本前提和会计信息质量特征

（一）政府会计的基本前提

会计基本前提，又称会计基本假设，是进行会计核算的基本条件。会计基本前提是合理限定会计核算的范围，据以确定会计核算对象、选择会计方法、收集加工处理会计数据，从而保证会计工作正常进行。会计信息质量的假设条件下政府会计的基本前提包括会计主体、持续经营、会计分期和货币计量。

1. 会计主体

政府会计主体是政府会计为之服务的特定单位，它限定了政府会计核算的空间范围。会计主体是持续经营和会计分期这两个前提的基础。只有规定了政府会计主体，政府会计核算才会有明确的范围，在此基础上会计要素才会有空间的归属；也才能正确反映会计主体的各会计要素的情况和结果，向有关各方面提供正确的会计信息。政府会计主体包括各级政府、各部门、各单位。其中各部门、各单位是指与本级政府财政部门直接或者间接发生预算拨款关系的国家机关、军队、政党组织、社会团体、事业单位和其他单位，但军队和已纳入企业财务管理体系的单位和执行《民间非营利组织会计制度》的社会团体除外。基于社会组织的分类，政府会计主体可归纳为各级政府、各级各类行政单位和事业单位。具体而言，财政总预算会计的主体是各级政府，行政单位会计的主体是行政单位，事业单位会计的主体是事业单位。

2. 持续经营

持续经营是指在正常情况下，政府会计主体的经济业务活动无限期延续下去，在可以预见的未来不会终止。持续经营规定了政府会计核算的时间范围，即会计主体的经济业务活动将无限期继续存在下去。只有在持续经营的前提下，政府会计主体的经济业务活动才得以进行，会计核算才能使用特有的程序和方法，全面系统地反映会计主体的财务状况和收支状况。即政府会计核算所使用的原则、程序和方法都是建立在持续经营的基础之上，只有在这一前提下，会计人员在日常的会计核算中对经济业务才能做出正确判断，对会计处理方法和会计处理程序才能做出正确选择。

所以，政府会计核算应当以政府会计主体各项业务可持续正常地运行为前提。政府会计核算应当以政府会计主体持续运行为前提。

3. 会计分期

会计分期，又称会计期间，是指将政府会计主体持续经营的经济业务活动根据信息使用者的需要，人为地划分为一个个连续的、长短相同的期间，以便分期结算账目、编制会计报表，及时向各方面提供有用的会计信息。会计分期是对持续经营前提的必要补充。由此，政府会计主体应当划分会计期间、分期结算账目和编制财务报表。

会计期间通常为一年，称为会计年度。为了及时提供会计信息，在年度内还可以划分若干较短的期间，如季度和月份。政府会计核算应当划分会计期间、分期结算账目、按规定编制决算报告和财务报告；会计期间至少分为年度和月度。会计年度、月度等会计期间的起讫日期采用公历日期。

4. 货币计量

货币计量是对政府会计计量尺度的规定，指政府会计主体在会计核算过程中以货币作为计量单位，综合反映政府会计主体的经济业务活动情况。

货币计量是会计的基本特征。只有以货币计量为前提，政府会计核算所提供的信息才具有可比性，才能满足信息使用者的需要。以货币计量作为前提，还包含假设币值保持不变。因为只有在币值稳定的前提下，对不同会计期间的会计要素的核算才有意义，才可以前后各期加以比较。

政府会计核算应当以人民币为记账本位币。发生外币业务时，应当将有关外币金折算为人民币金额计量。政府会计核算应当以人民币作为记账本位币。发生外币业务时，应当将有关外币金额折算为人民币金额计量，同时登记外币金额。

（二）政府会计的会计信息质量特征

政府会计的会计信息质量特征是对政府会计主体财务报告中所提供会计信息质量的基本要求，是使政府财务报告中所提供会计信息对其使用者决策有用应具备的基本特征。政府会计的会计信息质量特征主要包括真实性、相关性、可比性、及时性、可理解性、全面性和实质重于形式。

1. 真实性

真实性，又称客观性或可靠性，是指政府会计主体的会计核算应当以实际发生的经济业务为依据，如实反映各项会计要素的情况和结果，保证会计信息的真实可靠。

真实性要求政府会计核算必须以经济业务发生时所取得的合法书面凭证为依据，不得弄虚作假，伪造、篡改凭证，凭证内容要真实、数字要准确、项目要完整、手续要齐备、资料要可靠。只有这样才能保证会计信息与会计反映对象的客观事实相一致，才能满足各信息使用者做出正确决策的需要。

2. 相关性

相关性，又称有用性，是指政府会计所提供的信息应与信息使用者的经济决策需要相关。

相关性需要政府会计主体在确认、计量和报告会计信息的过程中，充分考虑信息使用者的决策模式和信息需要，从而有助于信息使用者做出正确的决策。

3. 可比性

可比性，是指政府会计提供的会计信息应当具有可比性，包括同一政府会计主体不同时期以及不同政府会计主体发生的相同或者相似的经济业务或者事项，应当采用一致的会计政策。

可比性可保证政府会计主体根据国家统一规定进行核算，使各政府会计主体的会计信息建立在相互可比的基础上，以便于会计信息的比较、分析和汇总，从而为信息使用者进行决策和国家进行宏观调控与管理提供必要的依据；同时有利于比较分析同一政府会计主体不同会计期间的会计信息，从而对预算执行和财务状况做出正确判断，以提高各方面预测和决策准确性。

4. 及时性

及时性，是指政府会计核算应当及时进行。该原则要求政府会计信息应当及时处理、及时提供，不得提前或延后。比如，政府会计主体对已经发生的经济业务或者事项，应当及时进行会计核算，不得提前或者延后。

会计信息具有一定的时效性，所以，在会计核算中，政府会计主体应及时收集会计信息、及时处理会计信息、及时传递报告会计信息，从而帮助信息使用者及时做出经济决策，确保会计信息的价值。

5. 可理解性

可理解性，是指政府会计记录和会计报表应当清晰明了，便于理解和运用。

可理解性要求会计核算各个环节和步骤清晰明了，通俗易懂，以利于会计信息使用者理解会计报表和利用会计信息，同时也有利于审计人员进行审计。

6. 全面性

全面性，是指政府会计报表应全面反映经济业务活动情况及结果。

7. 实质重于形式

实质重于形式，是指政府会计核算和会计信息要真实反映政府会计主体经济业务或事项的实际情况，要按照经济业务或事项的经济实质进行会计核算，而不应当仅仅以它们的法律形式作为会计核算的依据。按实质或经济折实来核算和反映而不看其表现形式，当经济事实与法律形式不一致时，按事实来记录和反映。

三、政府会计的会计要素及其确认和计量

（一）政府会计的会计要素及其确认

政府会计要素是政府会计对象的构成要素，是对政府会计对象的基本

分类，是政府会计核算内容的具体化，是构筑会计报表的基本组件，也是账户所要反映和监督内容的高度归并和概括。由于对会计要素的进一步划分就是会计科目，所以确定会计要素有助于设置会计科目；由于会计要素之间的相互关系就是会计报表的平衡关系，所以明确会计要素及其相互关系有助于设计会计报表的框架结构和格式。

1. 政府财务会计的基本要素及其确认

政府财务会计要素包括资产、负债、净资产、收入和费用。

（1）资产的定义及其确认条件

资产是指政府会计主体过去的经济业务或者事项形成的，由政府会计主体控制的，预期能够产生服务潜力或者带来经济利益流入的经济资源。政府会计主体的资产按照流动性，分为流动资产和非流动资产。政府会计主体资产的确认必须同时满足以下条件：①与该经济资源相关的服务潜力很可能实现或者经济利益很可能流入政府会计主体；②该经济资源的成本或者价值能够可靠地计量。

（2）负债的定义及其确认条件

负债是指政府会计主体过去的经济业务或者事项形成的，预期会导致经济资源流出政府会计主体的现时义务。政府会计主体的负债，按照流动性分为流动负债和非流动负债。政府会计主体负债的确认必须同时满足以下条件：①履行该义务很可能导致含有服务潜力或者经济利益的经济资源流出政府会计主体；②该义务的金额能够可靠地计量。

（3）净资产的定义及其确认条件

净资产是指政府会计主体资产扣除负债后的净额。政府会计主体净资产的确认主要依赖于其他会计要素的确认。比如，政府单位按照规定从其他单位调入财政拨款结转资金时，调入的财政拨款结转结余资金符合资产（"零余额账户用款额度"或"银行存款"）确认条件，也符合净资产累计盈余的确认条件。

（4）收入的定义及其确认条件

收入是指报告期内导致政府会计主体净资产增加的、含有服务潜力或者经济利益的经济资源的流入。政府会计主体的收入的确认应当同时满足以下条件：①与收入相关的含有服务潜力或者经济利益的经济资源很可能流入政府会计主体；②含有服务潜力或者经济利益的经济资源流入会导致政府会计主体资产增加或者负债减少；③流入金额能够可靠地计量。

（5）费用的定义及其确认条件

费用是指报告期内导致政府会计主体净资产减少的、含有服务潜力或者经济利益的经济资源的流出。政府会计主体的费用的确认应当同时满足以下条件：①与费用相关的含有服务潜力或者经济利益的经济资源很可能流出政府会计主体；②含有服务潜力或者经济利益的经济资源流出会导致政府会计主体资产减少或者负债增加；③流出金额能够可靠地计量。

2.政府预算会计的基本要素及其确认

政府预算会计要素包括预算收入、预算支出与预算结余。

（1）预算收入的定义及其确认条件

预算收入是指政府会计主体在预算年度内依法取得的并纳入预算管理的现金流入。预算收入一般在实际收到时予以确认。

（2）预算支出的定义及其确认条件

预算支出是指政府会计主体在预算年度内依法发生并纳入预算管理的现金流出。预算支出一般在实际支付时予以确认。

（3）预算结余的定义及其确认条件

预算结余是指政府会计主体预算年度内预算收入扣除预算支出后的资金余额，以及历年账户的资金余额。预算结余的确认主要依赖于预算收入和预算支出的确认。

（二）政府会计的会计要素计量

会计计量是根据一定的计量标准和计量方法，将符合确认条件的会计要素登记入账并列报于会计报表而确定金额的过程。其关键是计量属性的选择和计量单位的确定。政府会计主体应当按照规定的会计计量属性进行计量，确定相关会计要素的金额。从会计角度，计量属性反映的是会计要素金额的确定基础，主要包括历史成本、重置成本、可变现净值、现值和公允价值等。

1.政府财务会计的基本要素计量属性

政府会计主体资产的计量属性主要包括历史成本、重置成本、现值、公允价值和名义金额。在历史成本计量下，资产按照取得时支付的现金金额或者支付对价的公允价值计量。在重置成本计量下，资产按照现在购买相同或者相似资产所需支付的现金金额计量。在现值计量下，资产按照预计从其持续使用和最终处置中所产生的未来净现金流入量的折现金额计量。在公允价值计量，资产按照市场参与者在计量日发生的有序交易中出售资产所能收到的价格计量。无法采用上述计量属性的，采用名义金额计量。政府会计主体在对资产进行计量时，一般应当采用历史成本。采用重置成本、现值、公允价值计量的，应当保证所确定的资产金额能够取得可靠计量。

政府会计主体负债的计量属性主要包括历史成本、现值和公允价值。历史成本计量，负债按照因承担现时义务而实际收到的款项或者资产的金额，或者承担现时义务的合同金额，或者按照为偿还负债预期需要支付的现金计量。在现值计量下，负债按照预计期限内需要偿还的未来净现金流出量的折现金额计量。在公允价值计量下，负债按照市场参与者在计量日发生的有序交易中转移负债所需支付的价格计量。政府会计主体在对负债进行计量时，一般应当采用历史成本。采用现值、公允价值计量的，应当保证所确定的负债金额能够持续、可靠计量。

2.政府预算会计的基本要素计量属性

政府预算会计中的预算收入以实际收到的金额计量，预算支出以实际支付的金额计量。

四、政府会计的会计科目和会计等式

（一）政府会计的会计科目

1.会计科目设置原则

会计科目是对会计对象按其经济内容或用途所做出的科学分类，是会计要素的具体内容和项目。会计科目是复式记账、填制记账凭证、编制会计报表的基础。设置政府会计科目，有利于将政府会计核算的大量内容相同的业务归为一类，组织会计核算，取得相应的会计信息。

政府会计科目设置时，应遵循以下原则。

（1）统一性原则

为满足政府财政管理和会计核算的需要，政府会计的会计科目设置及其核算内容必须由财政部统一制定，各地区、各部门和各单位都要遵照执行，从而保证上级主管部门和各级财政部门会计核算资料的汇总和分析利用。

（2）与政府收支分类科目衔接一致原则

政府收支分类科目，也称预算科目，是政府预算收支分类构成的基本分类，用以反映预算计划、预算执行和收支平衡的情况。政府会计科目和政府收支分类科目使用的目的不同，分类的角度和要求也不同。但会计科目的设置要与政府收支分类科目衔接一致，比如"一般公共预算本级收入""政府性基金预算本级收入""国有资本经营预算本级收入""一般公共预算本级支出""政府性基金预算本级支出""国有资本经营预算本级支出"等会计科目，都要根据政府收支分类科目设置明细账。

（3）全面、简明、实用原则

政府会计科目的设置既要做到全面、系统地核算、反映和监督财政性资金活动的全过程，又要尽量简化核算事项，力求含义确切、通俗易懂、实用。

2.会计科目的分类

政府会计科目按照不同的标准可分为不同的种类。

（1）按经济内容

政府财务会计的会计科目分为资产类科目、负债类科目、净资产类科目、收入类科目、费用类科目；政府预算会计的会计科目分为预算收入类科目、预算支出类科目和预算结余类科目。为了统一核算口径，提高核算质量，资产类科目、负债类科目、净资产类科目、收入类科目、费用类科目、预算收入类科目、预算支出类科目和预算结余类科目均由财政部统一制定会计科目表加以规定。

（2）按照政府会计主体

政府会计科目分为财政总预算会计科目、政府单位会计科目。

（3）按核算层次

政府会计科目可分为总账科目和明细账科目两类。总账科目是对会计对象具体内容进行综括分类的科目。在财政总预算会计、政府单位会计的会计科目表中的会计科目基本上都是总账科目（一级科目），是在会计要素下直接开设的，反映相应会计要素中有关内容的总括信息。明细账科目是对总账科目核算的具体内容进行详细分类的会计科目，在总账科目下，开设，反映总账科目的明细信息，是对总账科目的补充，对总账科目起到补充和分析作用。

（二）政府会计的会计等式

会计等式，也称会计平衡公式，是对各会计要素的内在经济关系利用数学公式所做的概括表达，是反映各会计要素数量关系的等式。会计等式贯穿于政府会计核算的全过程，是设置账户、进行复式记账、试算平衡和编制会计报表的理论依据。基于现行的政府会计制度，政府会计的资产、负债、净资产、收入和费用五大会计要素分为两组，组成了两个会计等式；预算收入、预算支出和预算结余组成了一个会计等式。

1. 资产、负债和净资产的基本关系

净资产是资产减去负债后的差额，或者表达为资产必然等于负债加净资产。这说明一个政府会计主体所拥有的资产与负债和净资产实际上是同一资金的两个不同方面，即：有一定数额的资产，就有一定数额的负债和净资产；反之，有一定数额的负债和净资产，就有一定数额的资产。资产与负债和净资产的这种相互依存的关系，决定了在数量上资产总额与负债和净资产的总额必定相等。即：

资产 = 负债 + 净资产

此等式表明，政府会计的资产由负债和净资产所组成。其中，负债是资产的一个来源。资产与负债还是同增同减的关系，如果负债不变，则资产与净资产也同增同减。

"资产 = 负债 + 净资产"是财政总预算会计、政府单位财务会计编制资产负债表的平衡公式。

2. 收入和费用的基本关系

政府会计主体为实现其职能，必然会依法取得一定数额的收入，也必然发生一定额的费用，收入和费用相抵后的差额为盈余。由此，决定了一个政府会计主体的收入和费用的差额必然与其盈余数额相等。即：

收入 – 费用 = 盈余

此等式表明，收入与费用存在着对应关系，但绝不是企业会计中的收入与费用的配比关系。盈余是政府会计净资产的一个组成部分，虽然决定净资产的变化，但它并不是一个独立的会计要素，不同于企业会计中的利润。

"收入 – 费用 = 盈余"是政府单位财务会计编制收入费用表的依据。

3. 预算收入和预算支出的基本关系

政府会计主体为实现其职能，必然会依法取得一定数额的预算收入，也必然发生一定数额的预算支出，预算收入和预算支出相抵后的差额为预算结余。由此，决定了一个政府会计主体的预算收入和预算支出的差额必然与其预算结余数额相等。即：

预算收入 − 预算支出 = 预算结余

此等式表明，预算收入和预算支出存在着对应关系。预算结余是政府预算会计的一个独立会计要素，但绝不同于企业会计中的利润。

"预算收入 − 预算支出 = 预算结余"是财政总预算会计编制收入支出表、政府单位预算会计编制预算收入支出表的依据。

五、政府会计报告

（一）政府会计报告构成

政府会计主体应当编制决算报告和财务报告，由此，政府会计报告由决算报告和财务报告构成。

1. 政府决算报告

政府决算报告，是综合反映政府会计主体年度预算收支执行结果的文件，应当包括决算报表和其他应当在决算报告中反映的相关信息和资料。政府决算报告的编制主要以收付实现制为基础，以预算会计核算生成的数据为准。政府决算报告的具体内容及编制要求等，由财政部另行规定。

按照现行的政府会计制度，政府会计决算报表因政府会计主体不同而存在差异。财政总预算会计的决算报表主要包括收入支出表、一般公共预算执行情况表、政府性基金预算执行情况表、国有资本经营预算执行情况表、财政专户管理资金收支情况表、专用基金收支情况表等。政府单位决算报表即预算会计报表，主要包括预算收入支出表、预算结转结余变动表和财政拨款预算收入支出表。

2. 政府财务报告

政府财务报告，是反映政府会计主体某一特定日期的财务状况和某一会计期间的运行情况及现金流量等信息的文件。政府财务报告的编制主要以权责发生制为基础，以财务会计核算生成的数据为准。

政府财务报告按照反映的经济内容，应当包括财务报表和其他应当在财务报告中披露的相关信息和资料。财务报表是对政府会计主体财务状况、运行情况和现金流量等信息的结构性表述，包括会计报表和附注。会计报表至少应当包括资产负债表、收入费用表和现金流量表。

按照现行的政府会计制度，政府会计财务报表因政府会计主体不同而存在差异。财政总预算会计的财务报表主要包括资产负债表；政府单位财务报表主要包括资产负债表、收入费用表、净资产变动表和现金流量表。

政府财务报告按照编制单位，包括政府综合财务报告和政府部门财务报告。政府综合财务报告是指由政府财政部门编制的，反映各级政府整体财务状况、运行情况和财政中长期可持续性的报告。政府部门财务报告是指政府各部门、各单位按规定编制的财务报告。

（二）政府会计报告目标

政府会计目标，是要求政府会计工作完成应该达到的目的，是构建政府会计要素确认、计量和报告原则并制定各项准则的基本出发点。

政府会计目标分为政府决算报告目标和政府财务报告目标。

政府决算报告的目标是向决算报告使用者提供与政府预算执行情况有关的信息，综合反映政府会计主体预算收支的年度执行结果，有助于决算报告使用者进行监督和管理，并为编制后续年度预算提供参考和依据。政府决算报告使用者包括各级人民代表大会及其常务委员会、各级政府及其有关部门、政府会计主体自身、社会公众和其他利益相关者。由此，政府预算会计目标以决策有用为主。

政府财务报告的目标是向财务报告使用者提供与政府的财务状况、运行情况（含运行成本）和现金流量等有关信息，反映政府会计主体公共受托责任履行情况，有助于财务报告使用者做出决策或者进行监督和管理。政府财务报告使用者包括各级人民代表大会常务委员会、债权人、各级政府及其有关部门、政府会计主体自身和其他利益相关者。由此，政府财务会计目标兼顾受托责任和决策有用。

第八章 财务会计工作的创新与发展

第一节 新经济时代财务会计工作的创新

一、新经济时代财会工作简述

（一）经济形态与会计发展之间相互关系的理论分析

会计与经济之间有着内在的互生规律与联系。会计的发展，不仅与经济水平的提高有关，而且与经济形态的更替有关。从会计发展的历史主线看，每一次新旧经济形态的更替，都能促进经济水平不断提高，进而带动会计向前发展。但与此同时，新经济形态本身也往往对会计提出非凡要求，成为引导会计发展的另一动因。历史上，正是经济水平和经济形态这两个主导性因素以其各自的方式共同影响和决定着会计的发展与方向，使得会计的发展过程既有与经济水平提高相应的不断向前的趋势，又具有与经济形态更替相对应的阶段性特征。

迄今为止，人类社会已经历了农业经济和工业经济两个阶段。在农业经济社会，庄园经济对会计发展的影响虽说是初期的但具有重要意义。当时的会计是为庄园主服务的，庄园会计是管家治理庄园的一个重要组成部分。会计计量和治理的重心在于财产物质本身，即只记录财产物质本身的增减变化。与此相应，庄园会计所采用的是一元化的计量思想和单式记账法，因此，农业经济社会中的会计，其实只是单式实物会计而并非现代意义上的会计。

当资本主义取代封建社会之后，以资本为标志的商品经济占据了社会经济的主导地位。在资本主义经济社会中，财产物质的交换只是一种形式，其根本的目的是要通过交换实现资本增值。因此，人们不仅关注财产本身，更关注财产的归属关系，即财产交换所反映的产权关系或权益。权益思想的出现和其概念（资本）上的普及化，使得会计的计量和记录思想由一元化发展到二元化，由对财产本身的计量发展到对财产及其权益的双重计量，复式记账法就是在这种经济背景和计量思想的基础上产生和发展起来的。资本主义初期的贸易经济，虽然促进了复式记账法的产生和发展，但总体上讲会计的发展仍处于簿记阶段，较为完整的现代会计体系并未形成。工业革命后，在欧洲资本主义国家工业经济占据了社会经济的主导地位，传统的纺织、冶金、煤炭等工业由于大量采用先进的机器设备而使生产规模和生产效率得到很大提高。工业经济的发展给经济治理带来了新的变化：生产过程复杂化、设备费用和治理费用剧增、成本控制变得重要而紧迫。传统的簿记学无法对生产费用和产品成本进行精确计量与有效控制，已不能适应工业经济社会中的治理需要，成本会计正是在这种背景下产生并逐步发展起来。20世纪30年代，同样基于工业革命发展的需要，财务会计与科学治理中预算控制、标准成本和差异分析相结合又产生了一个新的会计分支——治理会计。至此，由成本会计、治理会计和财务会计所构成的三位一体的较为完整的现代会计知识体系基本形成。

1. 社会经济发展对会计的影响

经营管理的规范成熟及要求提高对会计的影响总体上讲，经营管理的规范成熟对会计提出了更高的要求，使会计方法和处理流程也更加先进，伴随着经营管理的规范成熟而得到了发展。而且随着经济全球化的兴起，跨国公司不断涌现，使得为了适应跨国公司会计核算的国际会计也得到了发展，丰富了会计理论与实践的内容。

（1）科学技术进步对会计的影响

会计成为独立的职能正是社会生产力的提高所致，在今天，科技进步使得会计电算化得到了长足发展，会计核算大量应用会计软件和计算机技术和操作，手工会计的应用已经大大减少了。

（2）币值的波动对会计的影响

现代市场经济是信用经济，政府以自身信用发行货币，但这样也使得政府宏观调控经济的需要导致货币超发；使得资本主义经济社会通货膨胀是常见的现象；货币贬值等货币波动动摇了会计货币计量的基础，使得会计信息在一定程度上存在货币计量的失真问题。通货膨胀会计就是为了解决货币币值不稳对会计的影响，这一世界性的难题在实务操作中仍然很棘手。

（3）知识经济发展对会计的影响

包含技术、专利、管理等在内的知识经济，使得原本费用化的支出，要予以资本化。知识经济使得会计核算的内容更丰富，也更复杂，使会计核算更真实地反映资金运作。尤其是知识和网络经济环境的发展，更是对会计行业产生了深刻的影响。下文将对此展开详细论述。

全球化的兴起，使得经济中的采购、生产、交换、消费、分配等，日益全球化，世界各国的经济体制和形态，还有财政货币政策，也逐步纳入全球范围内。这些促进了世界各国会计理论和法规实务的国际趋同进程，国际会计准则日益成了世界通用的经济语言。

2. 会计对社会发展、经济环境的影响

（1）对宏观经济环境的影响

会计核算提供了重要的经济信息，不仅反映经济运行状况，还能提供经济预警作用。会计工作有助于政府获得经济信息和企业发展状况等信息，进而对宏观经济进行调控，促进经济平稳运行，降低经济运行风险，实现经济发展。

（2）对微观经济体的影响

会计工作的主要产出是会计报表等会计信息资料，而会计信息资料，为企业管理层提供了做决策的依据。企业可以据规范的、准确的会计信息改进运营，提高获利能力和管理水平。规范的会计也为投资者提供了经济和经营信息，帮助投资者进行资源的正确配置，提高了金融深化的水平，促进了金融加速效应的发挥，进而保持金融稳定，促进经济持续发展。

（3）推动社会和经济的法制化、秩序化

真实合理合法的会计信息资料，才能保证证券交易公平公开地进行，虚假的会计信息会扰乱证券交易市场。

（4）推进国民经济与国际接轨

会计国际化，采纳国际会计准则，使得国际范围的金融借贷、贸易往来和经济数据沟通等更透明、公平合理、便于理解，提高了双方的满意度，推进了国际贸易，使每个国家的经济福利都得到了增长。

（二）知识经济的影响

现行会计体系的挑战与发展机遇，目前的会计思想、理论和方法体系是在工业经济时代产生、发展起来的。当知识经济开始出现并迅速发展时，其对现有会计体系所带来的影响是广泛而深远的。现行会计知识体系面临着重大挑战，但同时也孕育着又一次进行变革和创新的机遇。

1. 对会计属性的影响

对于会计的性质，学术界一直没有统一的定论，主要有"老三论"（艺术论、工具论、治理活动论）和"新三论"（信息系统论、治理活动论、控制论）之说。但这些定义都是在 20 世纪七八十年代或更早时期形成的，反映了当时对会计的定论，不具有新经济的时代特征。

2. 对成本计量与控制理论的影响

传统的成本计量与控制理论是在工业经济时代形成的。知识经济下的成本结构与形态性和工业经济下的完全不同。对知识型企业或高科技企业来说，其主要的成本是研制成本，而变动成本和产品成本几乎为零。这种成本结构使得：①需要寻找和确定新的成本控制点，并发展新的成本控制方法；②由于研制活动风险大，研制成本的未来预期收益不明确、保证性差，而变动成本又过少，使得无论研制成本还是软件的复制成本都无法作为收益猜测的基础，需要建立新的猜测基础和方法；③需要检讨传统成本会计将研制费用计入当期费用的处理方法。因为按照这种方法，将导致软件成本计量的严重失真。

3. 对融资理论与资本结构理论的影响

在工业经济社会中，企业的固定资产和设备投资很大，因此在开办之初，企业往往运用财务杠杆理论进行融资，从而形成自有资本与借入资本相结合的二元化资本结构。但是在知识经济时代，企业的固定资产和设备的投资很少，尤其是一些网络公司和软件开发公司，只需要少量的电脑计算机即可运作。因此在企业开办之初，一般不需要进行借款融资，而一旦开发成功，企业则可以在资本市场进行自有资本融资。如此一来，这些公司就形成了单一的资本结构，即只有自有资本而没有或只有很少的借入资本，资金成本很小。这说明，传统的融资与资本结构理论对新型的企业并不实用。

4. 对资产计量理论的影响

现行的资产计量理论与实务，侧重对有形资产的计量，而对无形资产的计量虽有所考虑但其范围却很狭窄。在知识经济社会中，无形资产是企业核心竞争力的集中体现，是企业利润的主要来源，其所占比重已大幅增加，个别新型企业中无形资产已占总资产的 50% ~ 60%。假如仍沿用现行的资产确认与计量理论，将导致会计对企业资源及其竞争能力反映的严重失实。

5. 对资本计量理论的影响

现行资本计量理论强调实物资本及其提供者的权益，对无形资产提供者的权益只承认专利、技术等成果化部分，而对大部分的智力资源或知识性资产不予承认。按照知识经济的角度理解，这种对资本的确认与计量理论是有严重缺陷的。因为对知识型企业或高科技企业来说，企业的价值和竞争力的源泉是其所具有的创新能力。而创新能力的大小主要取决于企业所拥有的知识量及知识的积累程度。假如企业不认可知识资源或知识资产及其所有者的权益，一方面会导致对资本计量与反映的不全面，另一方面，也会扼杀企业的创造能力及创新能力的形成与提高。

6. 对财务报告理论的影响

知识经济社会的一个显著特征是经济活动的网络化。企业可以通过互联网与其他企业和投资者进行及时的交流与沟通。这种经济活动的广域性和信息需求的及时性对传统的会计信息披露方式提出了挑战，要求会计必须改变定期（年、季、月）、定对象（投资者、债权人等）的信息披露方式，借助更先进的信息交换媒介进行广泛的及时性信息加工与传递。

7. 对绩效评价理论的影响

传统的经济评价模型中，一直以实物资本及物质产品的多少来衡量企业的规模与产出效率。而按照知识经济的评判标准，这种评价模型是过时的、不适用的。因为在知识经济时代，企业的经济活动虽然仍离不开实物资本，但企业经济增长的主要动力在于其拥有的知识、技能和能力。企业价值的大小从根本上说，不在于其实物资本的多寡而在于其创新能力。

8. 对利润形成与利润分配理论的影响

传统的经济理论认为，利润是由资本（主要指实物资本）带来的，因此参与利润分配的主要是资本的提供者或出资人，至于劳动者只是实物资本的附属物，只领取劳动报酬而不参与利润分配。但是在知识经济时代，企业的主要资源和利润的增长点在于知识、技能和能力，而劳动者则是软性资源的载体。因此，知识经济中人的因素是利润形成的主要源泉，是以人为"本"的经济而不是以物为"本"的经济。与此相应，利润分配也应该以资本和知本相结合进行。

（三）知识经济下的会计变革与创新

1. 会计核算观念创新

（1）确立新的财务资源观念

对知识经济的挑战，企业必须确立新的资源财务观念，并以此拓宽理财的范围。既要充分利用自然资源和传统的财务资源等能被企业利用的有形资源，又要确立和利用以智力为基础的或无形的资源，包括知识资源和时间资源等。

（2）确立"融智"或"融知"比融资更重要观念

知识经济的主体是知识型企业，其竞争成败的关键因素已不再是自然资源和有形资源，而是知识资源和时间资源。企业从事生产活动所需要的资金、员工、技术、市场等，均以员工的知识能力为基础，由此而决定了"融知"或"融智"的重要性。企业在理财时应确立知识和时间资源第一的观念，并通过合理的资金运作，培育和扩张知识和时间资源，以此优化企业资源结构，顺应知识经济发展的要求。

（3）人本财务观念

人本管理是与以物为中心管理相对应的概念，其要求将人作为社会人或文化人而不是经济人看待，要理解人、尊重人、充分发挥人的主动性和积极性。

2. 会计核算内容创新

（1）改革无形资产的相关内容

知识经济时代，无形资产正在成为企业价值创造的主要驱动因素。从这个意义出发，可以将基于价值创造的无形资产定义为：无形资产是指由企业创新活动、组织设计和人力资源实践所形成的非物质形态价值创造来源。

鉴于无形资产在企业盈利过程中的作用，继续采用历史成本原则核算无形资产，特别是将企业自创的无形资产进行费用化而不在企业的财务报表上进行反映，就不能准确地向投资者和债权人提供公司财务状况和经营成果的相关信息，甚至有可能误导投资者和债权人。因此，对于无形资产特别是自创无形资产的会计核算需要进行改进。

（2）建立管理核算型会计模式

在知识经济条件下，计算机技术、网络技术的不断发展，企业的生产活动、经营活动、研究开发活动、采购活动等都要运用高科技进行管理，企业之间的竞争更加激烈，这就要求会计管理发挥核算过去、控制现在、参与决策、预测未来等职能作用，用会计特有的方法了解和分析市场，评估各种经济的和非经济的、有利的和不利的、内部的和外部的因素和风险，以便采取对策防范和化解风险，达到预期经营目标。

3. 改进以交易为基础的会计核算体系

现行以交易为基础的会计核算体系提供的信息，大多数是一些有产权交换关系的法律意义上的实物交易，如销货购货、利息支付和资本支出等。这种以交易为基础的会计核算体系的优点在于其可靠性，依据某一项具体交易活动或业务发生的实际金额，做出相应的会计处理，确认销售收入、存货、应付利息的减少或资本的增加。然而在无形资产占主导地位的新经济环境下，创新能力成为资本，智力资本产品化、商业化了，这种方法不能够及时反映无形资产增加对企业价值的影响，会降低决策的效率。因为无形资产可能在瞬间取得，也可能在瞬间消失，再加上网络技术的高速传递，任何影响公司价值的事项可能在瞬间传遍全球。而以交易为基础的会计核算体系，只有在取得可靠计量的数据时（即交易发生时），才会对该事件进行确认和计量，这显然落后于事项的发生及企业价值的相应变动，事项和交易的不一致是投资者和管理者决策相关性低下的主要原因。

4. 探索风险会计体系和评价体系

现代企业的理财中，人们已普遍意识到筹资有经营风险、财务风险，投资也有风险，但对知识经济会给企业带来更大的决策风险、存货风险、开发风险、货币风险、投资风险及怎样去衡量和防范风险却意识淡薄。因此，如何有效防范、抵御各种风险及危机，使企业更好适应市场经济的机制，客观上说任何一个企业都存在着蒙受经济损失的机会与可能，而这种可能性在知识经济时代会更大。

二、新经济时代财会工作问题的对策

（一）积极推动新会计制度的全面实施

要积极稳妥推进一系列新的会计制度的全面实施。

（二）完善会计准则体系

会计准则体系包括基本会计准则和若干具体会计准则。在制订具体会计准则实施方案时，应考虑会计职能重心的转化，考虑会计计量方式的多样化，拓宽会计要素的空间、范围，丰富会计报告体系的内涵。

1. 会计职能重心要发生变化

新经济时代，随着计算机技术、网络技术的不断发展及国际交往的日益频繁，会计人员应从繁重的核算工作中解脱出来，重点发挥其会计管理作用。因此，会计职能应由核算型转化为管理核算型。在管理核算型模式下，构建一个核算与管理有机结合的会计体系，成为一个包括事前、事中、事后控制在内的全面核算和全程管理的系统。

2. 会计核算的重心要发生变化，要拓宽会计要素的空间、范围

新经济时代，无形资产在企业总资产中所占的比重越来越大，作用也越来越明显，会计核算的重心应由有形资产转移到无形资产上，详细反映无形资产的构成、取得、使用和摊销等情况。应将人的智力、知识、自创商誉、衍生金融工具等一些对企业的生存发展至关重要的经济事项纳入无形资产的核算范围。对无形资产投资比例不超过 20% 资本（高新技术企业不超过 30%）的规定进行修改，应根据企业的不同类型，调高无形资产的投资比例。

3. 会计计量模式亟待改进

会计计量贯穿于会计系统的全过程，是会计系统的核心环节。随着新经济时代的到来，各种新现象、新问题不断涌现，员工素质、市场份额、企业背景、行业资料等许多无法以货币量化的信息将进入会计核算范围之内。根据不同会计事项，不同业务性质，选择适当的计量属性，以提供各类与决策相关的信息。因此，新经济时代的会计计量模式应呈现出货币计量与非货币计量并重，以历史成本计量为主的多种计量方式并存的局面。

4. 会计报告体系要更趋完善

以及传递方式上，较之现行的报告体系应有很大的改进。新经济时代的会计报告信息内容将更加丰富，不仅包括财务信息，还包括产品市场份额，

用户满意度，雇员数量及质量，新产品开发和服务等非财务信息；不仅包括历史性信息，还包括企业面临的机会、风险和前瞻性信息。另外，网络技术的快速发展，为会计报告信息快速、准确地传递提供了强有力的保障，大大增强了会计报告信息的及时性和充分性。

（三）尽快制定适应新经济时代的专业核算办法

我们应在充分调查、分析、研究的基础上，结合企业的特点和实际情况，制定适应新经济时代发展要求的各项专业核算办法。

（四）加快会计人才培养，努力提高会计人员的整体素质

1. 加大新会计标准的培训力度

可以以会计从业资格考试、会计专业技术资格考试和注册会计师的考前培训等多种形式，有计划、有步骤地开展会计人员继续教育培训。

2. 政府应对会计人才及其培养高度重视

政府应根据新经济时代的要求，增加对注册会计师人才教育的科技基础设施投资，支持会计师事务所与大学院校合作培养注册会计师人才项目，开放注册会计师人才教育国际合作市场，认真办好会计专业的高等教育，加快注册会计师专业人才的培养，鼓励其参与国际竞争。

3. 加强会计职业道德教育，培养会计人才的"诚信"能力

要严格按照法律法规的要求，加强职业道德教育，重塑我国会计人员、会计行业"诚信为本"的新形象。

三、新经济对财务会计的挑战

（一）财务会计的概念及其目标

1. 财务会计的定义

财务会计指通过对企业已经完成的资金运动全面系统的核算与监督，为外部与企业有经济利害关系的投资人、债权人和政府有关部门，提供企业的财务状况与盈利能力等经济信息为主要目标，而进行的经济管理活动。

2. 财务会计的目标

此处财务会计的目标主要指企业财务会计的目标。企业财务会计的主要目标是向政府机构、企业外部投资者、债权人和其他与企业有利益关系的单位和个人及企业管理当局等一系列信息使用者，提供有利于做出投资、信贷决策及其他有关决策的企业财务状况、经营业绩和财务状况变动的各种财

务信息和非财务信息。

（二）新经济时代下企业财会工作面对的挑战

进入新经济时代以来，经济上的方方面面都发生着巨大的改变，而作为为会计信息使用者提供各种必要的会计信息的财务会计也面临着巨大的挑战，具体表现如下。

1. 对新兴资产的定义

在新经济时代，人才是非常重要的资源，这也使得人力资源管理变得越来越热门。由此给财务会计带来的问题就是，如何能够正确地定义人力资源的价值？如何能在账务中将企业所拥有的人力资源体现出来？在一个企业中，诚然人力资源会是这个企业非常重要的资产，但是每个人所拥有的能力不同，对企业的贡献也有所不同，这也使得财务会计无法准确判断不同的人力资源所代表的价值。同时，网络技术的日益发达使得人们已步入了信息化时代，伴随而来的是产生了许多以信息技术来创造财富的企业。那么，对于这些企业的财务会计来讲，如何准确地确定信息技术这类无形资产的价值和折旧摊销方法也是一个很大的挑战。除此之外，新经济时代还给企业来了很多其他的新兴事物，对于财会而言，怎样确定这些事物对于企业的价值会是一个很重要的问题和挑战。

2. 大数据对财会的影响

在新经济时代还有一个重要的特征就是大数据的产生。大数据有四个特点：Volume（大量）、Velocity（高速）、Variety（多样）和Value（价值）。其巨大的信息量以及价值带给企业财会的挑战就是如何能够在保证可靠性和相关性的情况下，尽可能及时地反映给会计信息需求者所需要的信息。以前，财务会计所做的更多是事后报告，具有一定的滞后性，现在会计信息需求者更多的是希望财务会计能做到事中报告甚至是事前预测。在这种情况下，财务会计所需要做的并不是只单一地向会计信息需求者提供企业过去时间所发生的资金运动的相关信息，还需要提供实时的财务报告，并探寻如何利用大数据有效地预测企业未来的发展趋势和防范企业可能遇到的风险的方法。

3. 经济一体化对财会的影响

经济一体化势必会带来更多的外币核算业务，也会因此产生更多外币核算企业，但现阶段外币报表的四种核算方法都各有利弊，还没有找到一个能被大多数人接受的十分完美的核算方法；同时，外币核算业务的增加也考验着财务会计对于企业的资产和负债套期保值的能力。可用于作为套期保值工具的有传统的金融工具，也有衍生金融工具。

4. 电算化会计对于财会的影响

计算机的出现使得传统的手工会计越来越向电算化会计发展。在电算化会计信息系统环境下，账务处理结果和数据文件都存储在计算机或磁盘等电子介质上，不像手工会计系统那样直观，特别是在磁盘上更改数据不会留下任何痕迹，但在计算机内部，会计数据无论是在形态上还是结构上却发生了变化，这对会计数据的真实性、有效性和完整性都造成了威胁，一旦出现舞弊行为，后果将是很严重的。在电算化环境下，更需要财务会计的细心，因为如果系统中间的某一个环节出错，计算机处理的高速性、自动性和重复性会使得差错快速以及反复地出现，酿成无法挽回的后果。磁性材料的特殊性质也要求会计要更细心地保存会计资料。由于计算机技术的快速发展，电算化会计的产生也在一定程度上削弱了会计监督的力度。

（三）企业财会的应对策略

1. 完善企业的内部控制制度

电算化信息系统的内部控制制度不同于手工系统的内部控制制度。会计电算化信息系统的内部控制一般可分为两类：一般控制和应用控制。二者均是会计电算化信息系统所产生的特殊控制，目的在于预先发现和纠正系统中产生的错误、舞弊和故障。使系统能正常进行，并提供及时可靠、高质量的会计信息。完善企业的内部控制制度，做好会计不相容岗位的安排，并加强会计电算化信息系统的一般控制和应用控制才能使会计电算化内部控制制度得到完善。在这种条件下，输入、输出、处理、加工的信息才能在质量上符合我们所要达到的要求。

2. 财务会计人员应注意提高自身素质

归根结底，不管外部环境给财会人员带来的挑战有多大，只要财会人员自身的综合素质够高，无论什么挑战都能从容应对。对于财会人员如何提高综合素质，一方面，财务会计人员自身应与时俱进，不断学习新知识，会计本身就是一门一直随着环境变化而发生相应改变的学科，财会人员应保持掌握知识的新鲜度，并学会由单一地事后反映会计信息向事中报告和根据相关信息为管理者做出决策提供比较正确的预测；另一方面，企业也应定期对内部财会人员组织培训，以保证所拥有的人力资源的质量。

四、新经济时代财会工作的创新路径

在新时代，互联网技术得到广泛的应用，财务会计人员的工作环境和业务性质都发生了很大的变化。会计人员不仅要像传统的工作人员一样掌握深厚的会计基础知识，还要具备一定的计算机技能，另外会计信息的真实性，关系到企业的决策的正确性，因此，在会计工作中还应当懂得如何有效地过滤会计信息，确保会计信息的真实可靠，同时要具备较高的职业道德素质，对企业的财务机密保管，防止竞争对手的窃取。在国际贸易频繁，财务工作更加细化的情况下，财务会计人员还要懂得国际上通行的财务会计、审计等知识，具备一定的经济法律知识，以提高工作的水平。

（一）新经济时代对财务会计基本理论的冲击

1.对会计对象的冲击

调整经济结构的目的是提高生产要素的配置效率，以较小的投入实现新增社会财富和福利的最大化。在新经济条件下，会计信息的使用者不只是关心企业过去的价值增值运动的数量方面，大多数信息使用者由于决策的需要，同样关注企业现在和未来的价值增值运动的数量方面。这一点，随着新经济的到来，将显得更加迫切和重要。因此，会计对象有必要从过去的价值增值运动扩展到预期的价值运动。会计对象的扩大，已经表现在会计既可以提供历史信息，又提供预测未来信息。在新经济条件下，人力资源会计、社会责任会计、资本成本会计和财务预算等方面的信息，将被列入财务报告的范围。

因此，会计对象的内容也在不断地丰富与发展。

2.对会计职能的冲击

新经济时代，会计的职能发生了很大的变化，其由原本的反映和控制工作扩展到反映、控制、预测三方面上，需要注意的是，这三者职能是相辅相成的。反映就是对过去的工作的总结，控制就是保证会计目标的实现，预测就是在过去的基础上，对未来的预测。而企业的决策水平也主要取决于财务会计相应的信息的反映上，不仅包括财务信息，还包括非财务信息，由此

可见，财务会计的基本职能拓展为反映、控制和预测。

3. 对会计计量的冲击

会计计量历来是会计的核心。传统会计计量是以历史成本为基础的计量模式。但是，金融的不断创新，以及无形资产在新经济时代企业价值创造的核心地位，都对传统历史成本计量模式产生巨大冲击。

4. 对财金报告的冲击

传统财务会计由于确认标准和计量困难的限制，将许多决策者有用的信息都排除在会计系统之外，比如对自创无形资产基本上不确认和计量，对人力资源不确认和计量，造成财务报告信息数量上的不完整：从本质上看，财务报告的信息相关性、及时性也面临着挑战。财务报告要适应新经济时代"快"的要求，改革传统信息加工和报告形式，充分利用现代计算机技术和通信网络技术，使会计信息系统更加灵敏、准确、及时。

（二）新经济时代财务会计人员提高工作水平质量的措施

1. 树立终身学习的意识，坚持与时俱进

传统的会计制度较大程度地限制了财务工作人员的主观能动性的发挥，留给财务人员的选择和判断的空间过于狭窄。而在大多数企业中选择财务人员的时候，都偏于选择一些具有工作经验的工作者。财务人员多注重现有的财务业务知识的钻研，注重财务处理技巧的积累。在新经济时代，财务主体和信息处理的方式都发生了很大的变化，财务人员只单纯地掌握财务知识已经不能够满足现代企业发展的要求。还需要具备一定的计算机、国际贸易和网络经济等多方面的知识。随着现代企业的业务范围的扩大，新型的经济组织形式层出不穷，这就需要财务工作人员树立终身学习的意识，接受各种新的理论知识和技能的学习培训，跟上时代的步伐，适应现代社会发展的要求。

2. 要有创新意识，发挥主动性和创造性

在传统会计下，会计账目和报表基本都是确定的，在新经济下，网络经济的发展，会计工作正向生产、经营和管理的各个层次渗透，分析经济情况、有效控制资源、参与经济决策、防范经营风险和预测经济前景等方面的作用日益明显。财会人员要摒弃那种只讲核算，不讲管理的思维模式，也不能只按经营管理层的要求被动提供会计信息，而是要有创新意识，发挥主动性和创造性，利用自己熟悉财会专业知识的优势，从专业的角度为企业经营

管理提供有效信息。

3.要重视对新经济下会计理论的探讨

面对新经济下，企业财会环境的变化，如对会计假设的影响，财会人员应从理论上进行深入研究，并积极关注国内外学者在新经济对企业财务会计影响的研究，财会人员只有拥有深厚的财务会计理论知识，才能在实践中不断创新，灵活运用。

4.要培养自己敏锐的洞察能力

在网络时代下，对财会人员的要求不是获取信息的能力，而是对信息的整理、分析及快速做出反应的能力。随着经济的发展，财会人员的职能将会越来越广。除了传统的记账以外，还包括对企业生产成本的控制、营运资本的管理、风险控制与核算、战略投资的策划、财务报表的分析与预测、前瞻性信息的提供等。这些都要求财会人员具备较强的分析、判断、选择和决策的能力。为培养自己敏锐的洞察能力，财会人员要加强学习、注重提高理论素养，不断吸取新知识，掌握新情况，保证既有坚实的会计理论基础，又有熟练的会计实践能力。

新经济时代的到来，会计学界应当积极地迎接挑战，及时地研究解决新经济时代带来的问题，推进会计的变革与发展，这样才能够适应新时代的经济环境，推动企业的持续发展。作为财务会计工作人员，除了要牢固地掌握专业知识和技能，还应当树立终身学习的理念，不断地探索新知，掌握一定的计算机操作技能、法律和国际贸易知识等，以有效地面对新时代的发展要求。

第二节 网络时代财务会计工作的创新

当今世界，以电子计算机技术为代表的高科技产业以几何级数爆炸增长。以现代科技为基础的新兴产业已在世界经济发展中占据了主要地位，推动和促进了世界经济向前发展。信息技术的迅猛发展，标志着人类社会正由工业经济时代向网络经济时代过渡。作为网络经济的基础，互联网正在改变着人类社会传统的工作方式，这一切，都极大地挑战着传统的财会工作的理论和实践。传统的财务会计理论是建立在一系列假设的基础上，即会计主体假设、持续经营假设、会计分期假设和货币计量假设。传统财务会计的四个假设适应传统的社会经济环境，并为会计实践所检验，证明了它的合理性。但是，当互联网走进现代人们的日常生活，并充斥于社会经济活动的各个方面时，使以前会计假设所依据的社会经济环境发生了翻天覆地的变革。

一、网络时代财会工作的新动向

（一）网络会计产生的历史背景

1. 网络会计是网络经济发展的必然产物

网络不仅仅是信息传播的载体，同时也为企业的生产经营活动提供了新的场所，它改变了传统的管理模式和交易方式。首先，网络为生产经营提供了新的场所。在网络经济环境下，企业可通过网络不断拓宽自己的生产经营场所，了解最大范围内的客户需求，从最大范围内中挑选出最佳供应商，通过在客户、企业和供应商之间传递的信息流，减少中间环节，从而以最快的速度、最低的成本进入市场，不断提高和巩固企业在竞争中的地位。其次，网络经济的兴起，还促使没有经营场地、没有物理实体、没有确切办公地点的虚拟企业的出现。虚拟企业使传统企业模式发生了根本性的变化，同时也深刻地改变了传统的交易方式。

2. 网络会计也是财务会计发展的必然产物

互联网的出现，使社会的经济信息系统发生了重大变革。首先，会计数据的载体由纸张变为磁介质和光电介质载体。这种置换使得数据的记录、存储、传递由"机械形式"转变为"电磁形式"，从而为会计数据的分类、重组、再分类、再重组提供了无限的自由空间。其次，会计数据处理工具由算盘、草稿纸变为高速运算的计算机，并且可以通过网络进行远程计算。在算盘和草稿纸时代，会计人员的精力主要用在会计数据的分类、分配、汇总等简单劳动上。互联网的出现带来了根本性的变化，数据处理、加工速度成千上万倍提高，不同人员、不同部门之间数据处理、加工和相互合作以及信息共享不再受到空间范围的局限。这种改变使得会计人员从传统的日常业务中解脱出来进行财务会计信息的深加工，将主要精力投入财会信息的分析中为企业经营管理决策提供高效率和高质量的信息支持。最后，会计信息输入输出模式由"慢速、单向"向"高速、双向"转变。互联网的出现，不仅使慢速、单向的会计信息输入输出模式变为高速、双向，而且能适应网上交易的需要，实现适时数据的直接输入输出。

（二）网络会计的特点

一是网络会计为现代企业的生产经营活动提供了新的场所、新的契机。

在网络经济环境中，企业可通过互联网不断拓宽自己的生产经营场所，了解最大范围内的客户需求，从最大范围的供应商中挑选出最佳供应商，通过畅通于客户、企业和供应商之间的信息流，减少诸多中间环节，从而以最快的速度、最低的成本进入市场，及时把握商机，不断提高和巩固企业在竞争中的地位。二是网络会计改变了企业的交易方式。网络经济的兴起，还促使没有经营场地、没有物理实体、没有确切办公地点的虚拟企业出现。这些企业只要在互联网的一个结点上租用一定的空间，经过认证，便可在网上接收订单，寻找货源并进行买卖活动。虚拟企业使传统企业模式发生了根本性的变化，同时也深刻地改变了传统的交易方式。

网络经济时代无论是网络还是计算机本身都经历了巨大的变化，网络对企业会计环境的影响也是显而易见的。就广域化环境而言，一方面国际互联网（Internet）使企业在全世界范围内实现信息交流和信息共享；另一方面企业内部网（Intranet）技术在企业管理中的应用，则使企业走出封闭的局域系统，实现企业内部信息对外实时开放，同时使企业内部包括财务部门在内的所有部门实现了资源的优化配置。

（三）网络会计面临的问题与对策

1. 网络会计所面临的问题

（1）信息在网络中传递的真实性和可靠性

在网络环境下，会计仍存在着信息失真的风险。虽然无纸化传递可有效避免人为原因导致的信息失真，但仍不能排除电子凭证和账簿被随意修改而不留痕迹的行为发生，传统会计中依据签章确保凭证有效性和明确经济责任的手段已不复存在。

（2）计算机系统的安全性

主要包括：①硬件的安全性，网络会计主要依靠自动数据处理功能，而这种功能又很集中，自然或人为的微小差错和干扰都会造成严重后果。②网络系统内的安全性。网络使企业在寻找潜在贸易伙伴、完成网上交易的同时，也将自己暴露在风险中。这些风险主要来自未经授权人的泄密和黑客的恶意攻击。

（3）对会计软件的要求高

互联网上的互访使企业间的彼此了解加深，如何利用其他企业的会计信息进行及时有效的比较分析，得出对本企业有决策价值的信息，进一步实现会计核算层向财务管理和决策层转化，是网络会计对会计软件开发的新要求。同时，随着电子商务的发展和业务的增多，会计信息的处理量将大大增加，如何使会计系统向网络多用户和管理信息系统深化，是网络会计对会计软件运行环境的新要求。

2.发展网络会计的对策

（1）加快立法工作

应制定并实施计算机安全及数据保护方面的法律，从宏观上加强对信息系统的控制。

（2）技术、管理方面

对于重要的计算机系统应安装电磁屏蔽，以防止电磁辐射和干扰。制定计算机机房管理规定，采取安全保护措施，加强磁介质档案的保存管理，防止信息丢失或泄露。

（3）网络安全方面

①健全内部控制，在操作系统中建立数据保护机构，调用计算机机密

调用计算机机密文件时应登录户名、日期、使用方式和使用结果，修改文件和数据必须登录备查。同时系统可自动识别有效的终端入口，当有非法用户企图登录或错误口令超限额使用时，系统会锁定终端，冻结此用户标识，记录有关情况，并立即报警。

②提高网络系统的安全防范能力。对病毒的预防可采取防火墙技术，将病毒及非法访问者挡在内部网之外。对于会计信息系统可采用数据加密技术，防止会计信息在传输过程中被泄密。

（4）软件开发方面

①提高会计核算软件的通用性和实用性。可对购入的商业化软件进行二次开发，并通过接口和系统集成的办法克服二次开发软件和商品化软件不能共享的缺点。

②努力使会计软件的运行环境向更高领域发展。在 Windows 平台上，

可采用 VF、PB 等数据库语言，提高会计系统对互联网的适用性。

（5）会计电算化制度方面

①建立会计电算化岗位责任制。岗位责任制是会计电算化工作顺利实施的保证，对会计人员的管理要真正体现"责、权、利相结合"的原则，明确系统内各类人员的职责、权限，并与利益挂钩，切实做到事事有人管，人人有专责，办事有要求，工作有检查。

②做好日常操作管理。日常操作管理主要包括计算机系统使用管理和上机操作管理。

③做好会计档案管理。要对电算化会计档案做好防磁、防火、防潮和防尘工作，重要会计档案应备份双份。

（四）网络会计的发展趋势

网络会计将朝着集成化、多元化和智能化方向发展。首先，网络会计系统将使企业生产经营活动的每个信息采集点都纳入企业网中，大量的数据通过网络从企业各个管理子系统直接采集，并通过公共接口，与有关外部系统相连接，绝大部分的业务信息能够实时转化，直接生成会计化信息，从而使会计数据处理走向集成化；然而，网络会计系统可以理解为一个由网络系统，电子计算机系统，个人数据及程序等有机结合的应用系统，它不仅具有核算功能，而且更有控制和管理功能，因此它离不开与人的相互作用，尤其是预测与辅助决策的功能必须在管理人员的参与下才能完成。所以，网络会计系统不能是一个简单的模拟手工方式的系统，而必须朝着具有人机交互功能系统的方向发展。

网络会计应更好地满足企业加强财务管理的需求。网络会计从财务会计的单纯记录和反映扩展到与解析过去、控制现在和筹划未来有机地结合起来，使为企业经营管理提供科学的决策依据成为可能。企业为保证决策目标的现实，需要制定企业内部的生产经营规划，在执行过程中要加强控制，事后还要组织好核算和分析，检查内部规划执行情况，通过分析、思考、总结来找出生产活动中带有规律性的因素，为下一期预算提供更有保证的依据，然而这样就需要网络会计系统具备事前有预算，事中有思考，事后有总结的功能，以更好地满足市场经济条件下企业内部财务管理的需要。

二、网络时代财务会计的内部控制

所谓财务会计内部控制，是指为实现战略总目标及其细化的经济效益、会计报表可靠、资产安全、活动合法等具体目标而制定的相关程序和方法。随着时代的发展，财务会计内部控制也面临着新的挑战。本节以网络新时代背景下财务会计内部控制的挑战为基础，对财务会计内部控制的优化进行简要分析。

在社会不断进步和发展的过程中出现了各种各样的新鲜事物，这些新鲜事物对于其他传统事物来说既是机遇，也是挑战。财务会计的内部控制作为一个传统事物，在新时代背景下需要进行一系列的改革，这样才能更好地适应时代发展的要求，促进财务会计内部控制的效用得到最大限度的发挥。

（一）网络环境下内部会计控制的新问题和新挑战

1. 会计核算范围扩大

网络时代，会计核算环境发生了很大的变化。第一，会计部门的组成人员结构发生了变化，由原来的财务、会计人员转变为由财务、会计人员和计算机操作员、网络系统维护员、网络系统管理员等组成。第二，会计业务处理范围变大，除完成基本的会计业务，网络会计同时还集成了许多与管理及财务相关的功能。第三，网络会计提供在线办公等服务，从而使会计信息的网上实时处理成为可能。

2. 会计信息储存方式和媒介发生变化

网络会计采用高度电子化的交易方式，对数据的正确性、交易及其轨迹均带来新的变化。电子符号取代了财务数据，信息的载体已由纸介质过渡到磁性介质和光电介质。对这些介质的保存有较高的要求，易受到高温、磁性物质、剧烈震动的影响，其保存的数据资料易于丢失。

3. 企业面临的安全风险加大

在电子商务环境下，电子单据、电子报表、电子合同等无纸介质的使用，无法沿用传统的签字方式，使原始凭证在辨别真伪上存在新的风险。而由于网络环境的开放性和动态性，再加上目前的财务管理缺少与网络经济相适应的法律规范体系和技术保障，黑客的恶意攻击、病毒的感染、计算机硬件的故障、用户的误操作等都会危及网络系统的安全性，给网络会计控制带来很大的困难。

4. 内部稽核和审计难度加大

在网络环境中，财务数据的签字盖章等传统确认手段不再存在，网络传输和保存中对电子数据的修改、非法拦截、窃取、篡改、转移、伪造、删除、隐匿等可以不留任何痕迹，传统的审计控制制度及组织控制功能的效力弱化，而会计系统设计又主要强调会计核算的要求，对审计工作的需要考虑得很少，导致系统留下的审计线索很少，稽核与审计必须运用更复杂的审核技术。

5. 法律法规建设滞后

网络会计、电子商务的迅猛发展远远超出了现有法律体系的规范，电子交易可能引发的法律争端，如证据、合同的履行以及可靠性问题等，成为企业内部控制不得不关注的又一问题。

6. 对会计人员的素质提出了更高的要求

在计算机技术普及的今天，滥用计算机技术的事件时有发生。所以网络财务环境下，除了要求财务管理人员必须精通财务知识及网络知识，熟悉计算机网络和网络信息技术，掌握网络财务常见故障的排除方法及相应的维护措施之外，还对会计人员的法律意识以及职业道德等诸方面的综合素质提出了更高的要求。

（二）网络环境下加强内部会计控制的主要措施

1. 根据网络环境的特点，制定新型的内部控制制度

（1）严格岗位设置，进行有效的职责分离

在网络会计系统中，由于计算机具有自动高效的特点，许多不相容的工作都合并到一起由计算机统一执行，这样很容易形成内部隐患。为了强化系统的内部控制，一个比较有效的方法就是在网络会计系统中分别设置系统设计、系统操作、数据录入、数据审核、系统监控、系统维护等岗位，各个岗位之间相互联系、相互监督、相互牵制。

（2）实行严格的网络会计系统授权制度

系统软件应设置有关操作人员的姓名、操作权限、相应人员的密码和电子签名。对一些需严格控制操作的环节，设"双口令"，只有"双口令"同时到位才能进行该操作。"双口令"由分管该权限的两个人各自按照规定设置，不得告知他人。对"双口令"进行"并钥"处理后，方可执行相应的

操作。同时要按操作权限严格控制系统软件的安装和修改。

2. 加强会计信息系统的安全建设与管理

（1）建立完善的网络会计信息安全预警报告制度

会计主管部门应尽快建立一套完善的网络会计信息安全预警报告制度。依托国家反计算机入侵和防病毒研究中心及各大杀毒软件公司雄厚的实力，及时发布网络会计信息安全问题及计算机病毒，从而切实有效地防范网络会计信息安全事件的发生。

（2）充分利用先进的网络技术，提高信息的安全性

为了解决动态会计信息在传输中被截取等问题，防止非法入侵者窃取会计信息和非授权者越权操作数据。应采用有效的安全密钥技术，将客户端和服务器之间传输的所有数据都进行加密；使用防火墙技术，执行安全管理措施；使内部网和公众访问网（如 Internet）分开，既保护内部网络敏感的数据不被偷窃和破坏，又能实时记录网内外通信的有关状态信息；做好经常性的病毒检测工作，进行杀毒、护理和动态的防范。

（3）加强网络安全意识，切实做好网络会计信息安全防范工作

针对目前企业和财务人员安全意识薄弱，对网络安全重视不够，安全措施不落实的现状，开展多层次、多方位的信息网络安全宣传和培训，并加大网络安全防范措施检查的力度，以增强用户的网络安全意识和防范能力。

（4）形成网上公证的由第三方牵制的安全机制

网络环境下原始凭证用数字方式进行存储，应利用网络所特有的实时传输功能和日益丰富的互联网服务项目，实现原始交易凭证的第三方监控（即网上公证）。

3. 建立新的内部审计监督机制

在网络经济下，内审部门要对网络会计系统各职能部门的工作进行有效的监督和检查，协调好各级管理部门的关系，使其有效地履行职责，保证网络会计系统的正常运行。内审人员要根据网络经营与网络财会的特点，改进和创新审计程序和方法。

4. 提高会计人员的综合素质

（1）在教育领域应加强复合型人才的培养，促进网络化进程

设置科学合理的课程，加大高层次会计人员的培养数量，从数量结构

和知识层次方面提高我国会计人员的整体知识素质。

（2）多途径提高会计人员的业务素质

可通过对会计人员在职培训、鼓励会计人员自学、加强会计人员的继续教育工作以及实行岗位轮换制度等措施帮助他们提高素质、积累经验、更新知识，使他们不仅具有较深的会计理论功底和娴熟的会计业务技能，而且还能掌握现代网络技术，熟知商务知识和法律法规，能从容应对知识的快速更新和经济活动的网络化、数字化，适应网络会计核算、管理的要求。

三、网络时代财会工作创新的措施

在这个飞速发展的时代，创新的思维是一切革新和发展的基础。会计的变革首先是思维观念和制度的变革。我们必须建立一系列适应网络时代特点和新型财务会计的观念和制度。

（一）网络系统观念

网络系统将是未来社会的基本存在形式，对会计而言，网络系统观念不只是有组织上的意义，而且具有更为深刻的基础性意义。

1.在网络系统环境下，应重新审视和认识会计，建立网络系统会计观

正如以大机器生产为代表的工业革命使传统的簿记转化为现代会计一样，网络时代的到来，必然使会计再次发生根本性变化，这将是不以人的意志为转移的。变化的方向与特征，则取决于网络系统的特征，未来趋势及现实世界中会计的矛盾。

网络系统是一个便利的信息交流系统，它将在极大地拉近信息提供者与用户同时空距离的同时，极大地增加信息容量，丰富信息的内涵与形式，形成密切多样化的信息交流和使用关系。并且，网络系统下的信息交流是多样化双向交流。会计系统必须按此要求进行改造和重构，以用户的需求为基本出发点，根据用户的需求提供及时、灵活的多样化信息。网上企业、电子商务、网上投资、网上结算、网上报税等网际业务的发展，直接将会计核算及监控的视角拉入一个更广阔的范围，在增加会计业务内容的同时，极大地丰富会计业务的形式，使会计业务发生质的变化。

2.网络是一种真实的经济存在

多样化、信息化的网上活动必将极大地改变人们的生活，也改变会计的方方面面，诸如会计的环境观念、会计资产的形式和含义、负债的形式、

权益的构成及其他种种与会计相关的事务。会计系统既是微观管理的一个重要组成部分，又有重要的宏观管理意义，应该同时纳入微观管理系统和宏观管理系统，并形成微观与宏观的有效连通与衔接，形成一个内外交通的巨大系统。这就要求我们必须将会计的变革纳入整个社会经济体系变革的洪流中去，在网络时代社会经济体系的总体再造中，完成重新构建会计观念、理论及方法体系的工作。显然，这是一项庞大的系统工程，单靠会计界自身的力量是无法完成的，必须积极吸纳社会各方面的力量共同参与。

（二）财务报告的变革或修正

现行财务报告是综合反映企业一定时期的财务状况、经营成果及财务状况变动的书面文件，提供财务报告的目的是向会计信息使用者提供会计信息。网络时代，财务报告受到了剧烈影响，它的许多方面必须做出较大的变革或修正。

第一，传统的报表体系及项目构成是按照工业社会经济的特点来设计的，与今天的现实已经极不适应。企业规模的急剧扩大、业务的复杂化、频繁的购并与重组以及资产构成的巨大变化，使表外项目日益膨胀的会计报表可读性和实际效用日益降低。

第二，网络技术的发展使人们对信息的内容以及及时性有了新的更高的要求。首先必须将以时期为基础的报表体系改进为以时点为基础以适应网上实时查询及定期报表的双重需要。为了采用实时基础，必须对现有报表体系结构进行修正。由于资产负债表本身即是时点基础，现金流量表可以看作是有时点基础的动态时期报表，因此这个意义上的变革重点将是损益表。

第三，现行财务报告缺少对衍生金融工具的揭示。在网络时代，网上交易的主要对象是金融工具，风险性较大。因此会计信息使用者需要这方面的揭示，以便他们合理地预计风险和未来的现金流量，做出正确的决策。

第四，在网络时代，知识和信息作为一种全新的资本，作为一种关键性的生产要素进入经济发展过程，企业的生存和经济效益的提高越来越依赖于知识和创新，知识资产、人力资产在企业资产中的地位将越来越重要，而现行财务报表对此反映较少。在网络时代，可利用现代计算机技术和网络技术，建立集电子交易、核算处理、信息随机查询于一体的"动态实时报告系统"，实时地满足不同层次的报表使用者对企业会计信息的多元要求。在会计报表中，也应将知识资源和人力资源作为主要资产项目加以重点列示。反映的侧重点应由关心"创造未来有利现金流动的能力"，转向关心"知识资本据有量及其增值的能力"。此外，财务报告还要能反映大量的非货币性信息，如企业员工素质、企业组织结构等。

（三）企业理财思想及模式创新

在企业整合资源的过程中，有很多方法可以进行有效的选择。

1. 企业理财的基本分析原理

在企业整合资源的过程中，通常有两种方式可以让企业进行选择，一是使企业的资产规模获得有效的扩张，兼并与收购其他的企业，二是让企业的资产实现发展式的收缩，让资产实现有效的剥离，通过出售相关的资产与拆分子公司中的股份，站好比例分配给母公司股份，从法律意义上将子公司从母公司分离出去。20 世纪 90 年代初开始，全球盛行多元化的思维发展方式，多地分散经营投资存在一定的风险，要占领更多的市场，就要做到"东方不亮西方亮"。但为数不少的企业高层人员对非本行业的领域缺乏相关的经验，盲目的扩张让企业连原有的经营优势也不复存在，最终拖累到整个集团的运转。为数不少的企业放弃了与本行业联系不甚紧密与不符合企业长期目标发展的具体目标，通过收缩产业占线，实现主要产品与关联性强的产品的专注投入，最终提升了企业的竞争力。

企业管理效率表明，在一定负协同作用的引导下，通过企业的实际分析可以让企业因为规避盲目扩大而引出的弊端，企业通过子公司与母公司重新定位，在最终确定子公司与母公司同样具有优势的基础上，让企业集中精力对企业生产的项目进行重新定位，最终将精力集中在优势的产业上，最终在比较子公司与母公司共同的基础上增强企业的业务盈利能力。

企业发行的股票是投资者的选择，在企业实现拆分之后，股东拥有了两种重新选择的权利，在对两个企业各自承担债务的过程中，拆分后的企业之间也并不存在连带责任的关系，最终让投资的风险降低，让投资的价格随即提高。企业的拆分增加了市场投资的品种，拆分后的两个企业拥有不同的财务政策与投资机会，在吸引不同偏好投资者的同时获得更好的投资机会。

企业在拆分的过程中会减少债券的资产保证，在债券风险上升的过程中也会相应减少经济价值，让企业的股东因此受到损失。在现实的经济生活中，为数不少的企业债权人都要订立有关股利分配的资产处理，最终尽可能地维护自身利益。

在追求速度的经济发展条件下，规模小却灵活，专业能力强大的公司要比传统的巨型公司更具有发展的潜力与市场竞争的优势。寻求有效经济发展的模式，有助于预期企业的前景。

越来越多的企业家相信，越来越多的企业会走向拆分的道路，拆分给企业带来的优势与利益决定着企业拆分被众多的民众推崇，应用的前景因此十分广泛。

2. 企业拆分的好处

（1）企业的拆分有利于提升企业股票的市场价值

市场并不能够准确地反映上市企业精确的市场价值，尤其是对实行多元化经营的上市企业而言，由于其业务范围涉及的领域较广，潜在的投资者并不能搞股股票的市场价值。

（2）企业的拆分可以弥补并购策略失误，最终成为并购策略组成部分

在全球企业并购的热潮中，企业并购成功的案例不计其数，在企业迅速实现扩张规模的情况下最终也能将竞争对手转变为战略同盟，但不明智的并购也会导致灾难性的后果。虽然绝大多数的企业在并购其他企业之后有盈利的机会，但实行并购的企业在实施并购的过程中有时也并没有确定并购的行为会不会带来经济效益。但为数不少的企业虽然实施了并购的策略，但也并没有实现经济的增长。

（3）企业拆分使企业管理层与股东利益紧密结合

对企业的管理层激励是将股东与企业的利益密切保持一致，最终实现股东利益的最大化。多元发展的企业中，基于整个企业价值之上的股权或期权激励措施实际上并不与处于分支机构内的管理人员的决策业绩密切相关。

管理层人员弱化是绝大多数企业共同面对的问题，分支机构的管理人员与企业核心管理人员之间存在着严重的信息不对称局面，最终导致经营偏好差异与企业内部配置效率低。

可如果将子公司从原有的企业中拆分出来，就可以有效地实现企业的资源配置与拆分法则，在企业整体接受市场化竞争过程中，最终实现资本市场的审视与管理，降低了一部分企业的市场代理成本，也有效地优化了代理

的机制。

（4）企业拆分是企业摆脱监管束缚与实现管理创新的重要手段

作为生存于政府与市场管理竞争之中的组织形式，政府对企业的管制伴随着企业的经营活动的全过程，企业追求利润最大化的结构形式必定需要政府的及时监管，企业通过创新来实现政府的放宽监管，是企业发展过程中的有效手段。

（5）企业拆分是企业退出投资的重要通道

上市企业往往控制着市场中的稀缺资源，如此造成了为数不少的中小企业推出了核心业务的竞争，不少的企业也只附加值通常情况下被降低。

在企业上市之后，政府要出面进行一定权责之内的市场监管，最终让企业跳出圈钱的初级发展状态，使得林立在市场中的各个大中小企业走可持续发展的道路，提高管理效率，实现繁荣市场与创新层次的提高。

（四）产权模式创新

在信息日益成为商品的网络时代，会计信息能否成为一种商品，主要取决于会计信息的产权能否有效界定。只要有明确的私有财产权，很多外部性的经济活动都可以通过适当的契约安排达到最优利益效果，而不管这种私有财产属谁所有和做何种分配。因此，会计信息成为商品的前提是产权的明晰，亦即会计信息到底归谁所有。会计信息本质是企业所有的一项经济资源。

产生的主体也是企业，而企业又归股东所有，因此，会计信息天然的产权所有者应该是企业的股东。现行的制度框架中，会计信息的这项经济资源由经营者管理，但其并不明确为谁管理；股东亦不自知其为会计信息的所有者。

因此，确认股东为企业的产权所有者，至少会带来下述一些改变：①虽然会计信息是稀缺的，但一直以公共产品的形式供应。如果赋予股东以会计信息的产权，产权所有者就有可能以私人商品的形式供应会计信息。②作为企业资源的所有者，股东可以选择经营者以外的生产会计信息的代理人。③消费者对现行的标准会计信息产品之外的需求将会刺激产权所有者扩大供给，会计信息的供需可在市场中进行，价格与产量由供需决定。

会计信息的产权的明晰化，只是其市场化的钥匙，能否打开市场的大门，则取决于这把钥匙的价格是否足够合理。因此问题现在就变为会计信息的产权界定成本是否足够的低廉。在 20 世纪 90 年代以前，或许答案仍然是否定的，但自从网络走进我们生活以来，不断的技术革新使得会计信息的产权界定获得前所未有的技术支持。媒体的网络革命使得会计信息不仅可在报纸上公布，还可以选择网络传播，设立自己的网址。会计信息可作为商品出售给网络媒体公司，而不是像现在上市公司还得付钱给证券报刊登其会计信息。

（五）会计信息产生模式和传播模式的创新

传统的会计信息生产和传播模式特点是：①会计信息的生产职能由企业自己执行；②企业掏钱在证券报上刊登传播会计信息。现在的问题是：①会计信息的生产职能能否交给市场来完成？②在其他市场主体（如报业公司、数据公司）利用会计信息盈利的同时，其产权所有者——股东能不能也获得收益？这两个问题的答案就是，对旧的会计信息的生产模式和传播模式进行市场化变革，变革的具体方法是：

1. 成立专门的会计服务公司，以改变传统的会计信息生产方式

传统的会计信息生产方式的特点是：①手工操作。这使得会计信息的供给受到手工劳动的低效限制；②非市场化的企业内部职能。这使得会计信息在下列方面受到影响：①缺乏增加信息供给的市场激励；②信息易受内部人员操纵。网络技术革命以前，虽然这种生产方式的缺点一直如是，但其地位并未因此动摇。这主要基于下列两个原因：①能代替手工劳动的工具没有出现；②会计信息的生产职能由市场执行的交易费用远高于自己执行的成本，主要是缺乏经济的通信工具将大量的日常经济事项传送至对方，以及对方一旦泄露商业机密而带来的损失。但是计算机技术的发展使得会计信息的生产者有可能实现非手工化，较为复杂的会计方法的使用亦成为可能；同时网络技术的发展使得企业经济交易的原始数据的异地实行、实时传送成本不再高昂，基于上述两项技术的巨大突破，会计信息的生产方式终于可能冲破上述约束条件，由手工生产变为机械化生产，由作坊式生产走向享受规模经济收益的大生产。

2. 企业与会计服务公司签约

①会计服务公司替代企业执行会计信息生产职能，企业向会计服务公司付相应的费用，企业有向后者诚实地提供所有相关信息的义务（双方约定存有例外的，该例外应同随后的会计信息一并公布）。②企业将会计信息的

所有权售与会计服务公司，后者向前者支付相应的价格。

3. 会计服务公司与媒体公司签约

会计服务公司通过协议有偿赋予媒体公司披露会计信息的权利，会计服务公司与会计师事务所对会计信息的质量负责。

4. 任何会计信息的消费者必须付费使用会计信息

网上付费系统（如网上银行）的发展与成熟，会使得付费本身的成本下降，凡会计信息的消费者都必须付费使用会计信息。

第三节 财务会计工作的创新性发展

一、财务会计的发展趋势

（一）财务会计发展的历史必然性

财务会计作为现代企业的基础性工作，它的产生是历史的必然。在历史的不断发展以及世界经济的进步下，财务会计也逐渐地进入了人们的视野，在时代发展的潮流之中显现了它特有的生机和魅力。它的优越性也越来越突出。财务会计是立足于企业，并且面对市场的工作，它向企业外部利益者提供各类有助于进行经济决策的信息。财务会计的目的在于提高企业的经济效益，并能积极参与经营经济的决策管理。

一个企业如果想要取得投资者的信任，就必须向资本市场传递特有的信号，也就是一种能够显示企业优点、异质性，并且具有甄别性的信息。而此时，财务会计作为一个为企业外部利益者提供评价受托责任履行情况及进行各方面的经济决策相关信息的人造系统，在继承和发展的基础之上，从传统会计中分离了出来。

在全球经济一体化发展的形势下，经济增长方式发生了较大的变化，传统经济增长方式已经逐渐被知识经济所取代，知识经济在发展质量和发展规模上都发生了非常大的变化。受到经济增长方式转变的影响，现代财务会计理论也与时俱进，在会计理论和会计细则方面进行了较大的改变，使财务会计理论更适应新经济形势的发展，成为新经济增长重要手段和推动力。

为此，我们应根据现代财务会计理论的具体变化，对其发展趋势进行认真分析，保证现代财务会计理论的实用性。

（二）现代财务会计理论的主要内容

1. 会计目标

会计目标的内容主要是明确要提供会计信息的原因、提供会计信息的对象以及提供哪几类会计信息等问题。会计目标已经成了现代财务会计理论发展的重要依据和出发点。

2. 会计基本前提

现行财务会计的基本前提主要体现在会计主体、持续经营、会计分期、货币计量上，目前会计基本前提的内容和范畴也在逐渐发生变化，朝着更适用于经济增长方式的角度改变，将实效性作为会计基本前提改变的重要原则和发展方向。

3. 会计要素

目前会计要素主要包含财务状况要素和经营成果要素这两种。新形势下对会计要素的理解应结合财务会计的具体应用和实际发展。

（三）现代财务会计理论的变化

受到经济增长方式变化的影响，现代财务会计理论也在发生着积极的变化，其变化具体表现在以下几个方面。

1. 在持续经营概念的理解上发生了变化

在财务会计理论中，持续经营概念主要是对企业的经营时间有较为正确的认识，财务会计理论的建立都是以企业能够持续经营为基础制定的。但是受到知识经济发展方式的影响，在知识经济时代，企业的寿命越来越短，企业的经营时间存在较大的不确定性，持续经营概念在理解上也发生一定的变化。在这种情况下，现代财务会计理论也将在持续经营概念上出现新理解。

2. 在会计分期的概念上发生了变化

会计分期的概念主要是指企业能够对会计信息进行及时利用，并根据会计信息做出及时的决策。但是受到知识经济发展的影响，会计信息的提供渠道越来越多，许多会计信息通过网络的方式在网上实现了共享，会计分期的概念发生了根本的变化，在这一影响下，财务会计理论中的会计分期和会计信息的定义也较传统的会计理论发生了许多变化。为此，我们要对会计分期概念的变化引起足够的重视。

3. 在货币计量的概念上发生了变化

在传统的财务会计理论中，货币计量的概念主要是建立在货币价值恒定的基础上的，但是在新知识经济时代，货币的价值随时都会发生变化，货币价值变成了主流，由此而产生的货币计量的概念也发生了变化，单纯依靠原来的货币价值恒定的货币计量方式已经无法满足要求。因此，从目前知识经济发展的角度出发，货币计量的概念也在慢慢发生变化。

（四）现代财务会计理论的未来发展趋势

从上述分析可知，受到知识经济的影响，现代财务会计理论在发展中发生着重要变化，原有的一些规则和概念都出现了不同程度的变更，为此，我们应对现代财务会计理论的发展趋势进行深入分析。目前来看，现代财务会计理论的未来发展趋势主要表现在以下几个方面。

1. 会计基本假设得到了持续的创新

受到了知识经济的影响，原有的会计基本假设面临着严峻的挑战，为了保证会计基本假设取得积极效果，对会计基本假设进行了不断的创新。通过了解发现，会计分期假设将会对交易期进行变化，将交易期变成报表的报告期。

2. 会计人员知识结构的多元化成了新的发展方向

正是由于会计基本假设朝着持续创新的方向发展，会计人员的素质也必须得到持续提高，以此来满足会计理论知识的发展需要。从目前来看，知识经济的发展使得财务会计理论发生了变化，并且这种变化是持续的。由此也对会计人员的知识结构和专业素质提出了具体的要求，使会计人员的知识结构变得更加多元化。

3. 网络会计将会成为重要的会计发展方式

知识经济除了对会计基本假设和会计人员的知识结构产生变化之外，还对会计工作方式产生了重要影响。随着网络技术的快速发展，网络会计将会成为重要的会计发展方式，不但改变了传统会计的工作方式，还对会计工作规则和会计工作流程产生了重要影响，使会计工作将会朝着网络化、高效化的方向发展。

（五）未来财务会计发展的趋势

1. 会计核算向电子化发展

所谓的会计核算，主要就是运用计算机核算系统，以企业经营活动的全过程为主要以及进行会计信息的处理。可以对原始凭证确认输入到精确编制会计报表的整个过程进行系统化的完成。计算机系统在进行会计处理的时候不需要任何人工的干预，自身具有集中性和自动性，这样不仅提高了会计信息的工作效率，也提高了会计信息的准确性。并且在电子商务兴起以来，很好地方便了企业和外界的账目往来沟通，不需要再浪费过多的人工进行企业之间的沟通，直接可通过电子货币的形式表现出企业间的账目往来关系。

2. 会计信息向开放化发展

对各个单位经济活动的披露我们统称为会计信心。伴随互联网会计信息系统的建立，企业的经济活动可以全部纳入企业的信息网中，同时还方便企业与外界的系统联结沟通，还可以方便企业内部机构进行会计资料的调阅和会计数据信息的获取，更好地扩大了会计信息的空间，加强了数据的开放性，使会计数据的处理呈现出集成化的趋势。

3. 会计人员向高智能发展

会计工作主要负责的就是企业资金管理等问题，最主要的就是对资金进行运算，明确资金的去向，加强对企业经济数据的分析，把控企业的经济活动，最主要的是一定要保证会计信息的真实性和准确性。从会计工作主要的职能就不难看出，企业对会计从业人员的要求很多，能够严格遵守国家的相关法律法规，熟悉企业的生产流程，加强对软件操作的失恋程度，在拥有专业的财务会计、管理会计相关知识的同时还要具有创新精神和创新能力。从社会的发展现状来看，任何企业都需要这种高智能型的复合人才。

4. 会计服务向真诚化发展

会计信息质量保证的媒介是会计服务单位，同时也是投资者维护权益的合法途径。会计行业的根本生存法则就是真诚守信，在一定程度上就对会计师失误多和相关会计服务机构提出了更高的要求，在进行会计服务的时候要加强真诚建设，营造公正气氛，加强对信息的公开，提升自身的服务意识。

5. 会计管理向多元化发展

会计网络信息系统最基本的功能就是对企业的资金进行科学化的核算、

分析、管理和控制，在运用会计网络信息系统的同时，加入财务管理人员的参与还能够加强网络信息系统的功能性和预测性。会计管理的多元化主要表现在获取会计信息多元化、梳理会计信息多元化、披露会计信息多元化三个方面。这三个方面相互独立又相互联系，可以很好地促进企业财务会计的顺利发展。

二、财会工作的创新性发展路径

财会工作是一项系统性很强的综合性经济管理工作，为了适应市场经济的发展，财会工作必须创新。

（一）树立财会工作的新观念

1.认真提高会计工作质量，加强科学管理

会计工作是一项严密细致的管理工作，会计所提供的会计信息，需要经过会计凭证、会计账簿、会计报表等一系列方法及相应的手续和程序，进行记录、计算、分类、汇总、分析、检查等工作。科学地组织会计工作，使会计工作按预先规定的手续和处理程序进行，可以有效地防止差错，提高会计工作的效率，增强会计工作者的科学管理意识。

2.增强会计工作者的创新意识

会计工作是企业经济管理工作的一个部分，它既独立于其他的经济管理工作，又与其他经济管理工作有着密切的联系。会计工作一方面能够促进其他经济管理工作，另一方面也需要其他经济管理工作的配合。只有这样才能充分发挥会计工作的重要作用，从而增强会计工作者的创新意识。

3.增强会计工作者的协调能力，和谐管理意识

企业内部的经济责任制，离不开会计工作。科学地组织会计工作，可以促使单位内部及有关部门提高资金的使用效率，协调各部门间的关系，提高单位经济效益，增强经济管理水平，并对经济预测、经济决策、业绩评价等工作提供支持，从而加强单位内部的经济责任制。

（二）必须具有服务的创新精神

1.要有任劳任怨地为群众服务的精神

对于会计工作和会计工作者来说，受到的质疑与谴责似乎比得到的鲜花与掌声更多。其实瑕不掩瑜，数以千万的会计工作者们大多以勤勉与正直来维护职业尊严，而其中又不乏出类拔萃者。会计工作是为群众服务的工作，

有不被群众所理解的地方。作为会计工作者要宽宏大量，任劳任怨，一心一意为群众服务。

2. 要有爱岗敬业的服务精神

会计工作者应该转变观念，弘扬爱岗敬业精神。服务是无形的却是有情的。发挥会计服务职能，转变会计人员的思想观念，在核算、监督的同时，做好服务工作。只有服务功能的充分发挥，才能体现会计工作的前移——由事后的核算监督移到事前的服务。也只有会计人员转变观念，增强服务意识，才能更好地弘扬爱岗敬业精神，从自身做起，从本职岗位做起，认真履行自己的职责，为企业的生存和发展而努力工作。

3. 提高会计工作者的个人业务素质，加强自身学习

加强教育，提高会计人员整体素质。增强会计人员的服务意识，关键在平时教育。单位领导、财会部门负责人应该经常组织会计人员学习，提高会计人员的个人素质。只有会计人员的整治素质普遍提高了，每个会计人员才能端正工作态度，增强服务意识，想企业之所想，急职工之所急，认真履行自己的职责，加强会计基础工作，实现规范化管理，提高会计工作质量，加强培训，提高会计人员业务素质。会计服务职能的发挥，依赖于会计人员业务素质的提高。会计人员业务素质高，会计提供的服务质量才可能好。

反之，会计人员业务素质低，即使服务态度好，服务质量也好不到哪里去。许多单位会计工作质量不高，不是由于会计人员主观上不努力，而恰恰是业务素质太低，无法为单位、为领导提供高质量的会计服务。因此，必须注意会计人员的业务素质教育，加强会计专业知识和专业技能的培训，提高会计队伍整体素质水平。会计人员自己，也应有紧迫感、压力感，明确工作目标，找出自身不足，并通过一定的学习形式，提高自己的业务素质，积极主动地提供服务，在服务过程中锻炼和提高自己。

（三）信息时代下财务会计工作创新的途径

1. 信息时代下加强财务会计工作创新管理的必要性

（1）促进信息时代下财务会计核算的开展

随着信息化时代的来临，企业财务会计的工作创新思维变得越来越重要，它已经成为确保企业财务安全的重要保障。技术的发展带来了很多观念上的革新，企业的无形资产已经逐渐占据越来越重要的位置，它们对企业的

整体价值起到了至关重要甚至是决定性的作用。当企业对自身的无形资产进行核算时，其处理方式已经相较于传统财务工作发生了明显变化。引入无形资产至企业财务的报表中是当前企业为应对信息化时代财务工作变革而采取的有效措施，创新对于信息时代的财务会计核算具有极其重要的意义。

（2）适应财务会计工作职能标准化和国家化的发展需求

如今经济全球化、经济一体化，因此有关企业财务的管理体系和制度也应逐渐完善，同国际接轨，而这也需要财务人员不断创新工作方法和工作内容。与此同时，作为财务会计工作人员来说，财务会计的制度以及企业的信用都要结合财务工作的实际情况进行掌握。

2. 财务会计在信息化时代中的管理创新途径

（1）提高思想认识

企业财务工作人员应充分认识到财务创新的重要意义，结合新的市场环境明确财务工作的具体要求。与此同时，企业领导部门应加强制度建设和管理，根据企业本身的具体需求制定相应的策略。为切实提高财务会计人员的思想认识，企业可以组织员工培训，安排权威人士来企业举办讲座，或安排企业会计人员外出进行培训。企业还应定期对员工进行专业考核，奖励成绩优异的财务人员，惩罚考核不过关的财务人员，充分引起财务工作人员对财务工作的思想重视程度。

（2）提高会计信息化质量

财务管理工作应顺应新时代的潮流，实现信息化管理，稳步提升企业财务管理工作的实效性，确保企业财务信息达到准确可靠的要求。企业财务工作者应严格按照财务管理的规章制度进行操作，遵守职业规范和道德规范，做到不损公利己。同时，精确的财务会计信息也能为企业领导的决策提供正确参考，这也符合信息化时代的具体要求。企业领导和财务管理人员都应充分重视信息化时代下新技术在财务工作中的应用，借此构建出一套先进全面的财务管理系统，强化数据完善，保障财务信息的真实性及有效性。

（3）健全财务会计法律

信息化时代对财务工作的要求也产生了较大的改变，因此政府部门也应顺应时代发展，健全并完善相关的财务制度，为财务工作的有效开展奠定坚实基础。政府部门应制定相关的法律法规，明确财务会计工作人员的具体职责及权限，并要求他们严格依照具体的规定和制度履行自己的职责，完成自己的使命，做好每一项财务会计工作。

（4）强化企业的内部监控

在信息化时代下，企业必须通过创新并加强财务内部控制的方式保障资金安全。企业可以建立并完善对内部财务活动的监督机制，同时随时根据市场信息进一步完善企业的监督制度。关于企业的内部监督机制，其主要内容有监督企业的资金流向及流量，还有各资金使用项目的具体情况，确保企业财务信息具有高可靠性，切实保障企业自身利益。企业通过建立完善内部控制制度的方式，能够非常有效地杜绝财务人员出现以权谋私等各种违法行为，使企业资产不会被侵吞或蚕食。另外企业在制定具体的监督制度规定时，应明确财务人员的职责划分，实现谁违规、谁负责的制度执行方法，针对性地明确职责职权，建立起行之有效的企业内部监督制度。

三、财务会计人员管理的创新路径

会计工作自从产生起，就自然地成为社会经济管理工作的重要组成部分，在国民经济中发挥着重要的基础性作用。经济越发展，会计越重要，这一点早已被国内外政界、会计界及社会各界所共识。大家普遍认为，会计工作及会计人员管理体制的改革应适应经济发展的需要。会计人员管理体制是会计管理体制的一个重要组成部分，它是指一定的国家或地区在一定的时期根据自己所处的社会经济环境介入会计活动，对会计人员及其会计活动进行干预、干涉、控制所做出的一系列制度和机制的安排，一般包括对会计人员的任免权限、管理办法、任职资格、业务等级考核、工作职权的规范等。会计人员的管理本来是简单明了的事情，所有者经营自己的企业，雇用会计人员以帮助实现所有者目标。

（一）财务会计人员的岗位介绍

1.财务会计人员的岗位分类

（1）会计主管

在进入信息化时代的今天，企业会计主管的职责在不断深化，对会计主管人员的素质和能力提出了更高的要求。随着市场经济的快速发展，企业改革的日益深入和现代企业制度的逐步完善，会计工作及会计主管在企业中的地位和作用也日益显现，会计主管人员的素质和能力直接影响着会计工作在企业中作用的发挥，现代企业单位科学管理的要求，急需大量的优秀会计主管人才。从会计员到会计主管，是会计人员的追求，要成为一名合格的会计主管人员，应具备相应的素质和能力。一个企业单位要根据企业的生产经营规模及管理上的需要设置会计主管岗位，并按照会计人员的综合素质和能力，选拔和任用会计主管人员。

会计主管指的是单位会计、财务工作的组织者、管理者，既包括一般意义上的会计机构负责人及会计主管，也包括具有更高会计与财务管理职权的总会计师及财务总监。会计主管是各单位会计工作的具体领导者和组织者，赋予组织、管理包括会计基础工作在内的所有会计工作的责任，正确有效地组织本单位的会计核算工作，全面负责日常会计经济业务的处理和核算，准确、及时地对内对外提供财务成果及信息。就财务职责而言，是进行有效的财务控制和财务监督，提供高水平的财务报告。财务报告不仅仅是指财务报表，还包括财务分析。对于上市公司，会计主管的设置和作用的发挥就更为重要了。若会计机构负责人和会计主管分设，则会计机构负责人的职责是对会计主管实行有效的领导，负责预算的编制和执行，计划、规划的制定，资金的调度及拨付的审批，财务制度的建立和执行，对内控制，对外协调。协助单位主要行政领导人对单位的业务发展以及建设投资等问题做出决策，参与重大经济合同和经济协议的研究、审查等。

（2）出纳岗位

作为会计工作中的重要环节，出纳工作是企业内控管理体系中不可或缺的组成部分。出纳人员是企业会计工作规范的具体执行者，出纳工作通过对企业现金及现金等价物的收付、保管与核算各个环节进行管理从而实现企业内外部环境的连接。出纳工作是企业日常生产经营活动中最基础的会计工作，为企业其他工作的顺利开展提供了切实保障。出纳工作是企业内部管理不可或缺的环节，出纳是企业进行现金、银行结算的倚赖，对于企业的财务运行起着关键作用，它主要负责企业的现金存量、证券股票期货、财务印章以及票据的保管工作。如今只要是具有一定规模的企业都有出纳这一职位，虽然它不直接监督企业的财务工作情况，但它对企业依然意义重大。企业在日常的财务运作中一定要对出纳工作予以足够的重视，尽可能地查漏补缺，避免日后造成重大损失。

在出纳工作时，企业的出纳工作人员必须依照国家制定的相关法律法规行事，绝不能出现违法乱纪的行为，所以出纳也是企业规定的有效执行人。企业在进行财务管理时会对会计的规章制度有具体的要求，对资金的管理非常严格，而出纳在工作时都必须照企业出台的要求进行自己的工作。因此，出纳如果能够保证自己严格落实这些规定的实行，那么对于相关法律法规的发挥就能起到积极的推动作用。

（3）工资岗位

工资核算是每个单位财会部门最基本的业务之一，不仅关系到每个职工的切身利益，也是直接影响产品成本核算的重要因素。手工进行工资核算，需要占用财务人员大量的精力和时间，并且容易出错。采用计算机进行工资核算可以有效提高工资核算的准确性和及时性。

（4）总账岗位

企业不断发展的过程中，企业的财务会计管理工作日渐突出，总账会计是财务管理工作中的重要内容，可以充分反映出企业的经营发展状况，对企业的财务的收入与支出情况进行汇总，反映出企业的经济活动状况，对企业的经营管理有重要的参考价值。企业的总账会计直接反映着企业经营的状况，掌握企业的关键性信息，对企业的资金管理有重要意义，使企业的资金可以被充分合理地使用，实现了企业资金的最大化使用。企业要加强总账会计的管理工作，提高总账会计工作人员的专业素质，充分发挥总账会计对企业的重要作用。

总账会计工作主要是会计基本工作及核算会计经济业务，对企业内部各部门间的经济业务进行核算。企业应提高总账会计的职业道德素养，不断提高总账会计的专业技能，加强对总账会计的管理，培养总账会计人员的责任感，更好地提高总账会计的工作效率与质量。更好地掌握企业的财务情况，确保企业经济利益，进而促进企业的发展。

2.财务会计人员的法律约束

（1）适当分解财务权力

分权型财务管理体制是将集团的大部分财务决策权下放到子公司或事业部，子公司拥有充分的财务管理权限，母公司对下属公司实行以间接管理为主。它可以大大提高子公司的灵活性，并且使子公司根据市场的变化迅速做出反应，保证财务决策的及时性和合理性；能充分调动各成员单位的积极性和创造性，从而间接提高整个企业集团的财务资源利用效果；总部财务集中精力于战略规划与重大财务决策，摆脱了日常管控等具体管理事务。

（2）设立法律监督机构

当前，在设立财会监督部门时，主要是强调技术管理，其次强调的是行政处罚。监管部门的主要精力放在财会技术规范的规定与协调上，并对一些违规、违纪现象进行行政处罚。这些技术标准是判断财会行为是否合法的依据，对财会改革是非常必要的，然而，随着市场经济的逐步完善，财会监管要逐步转移到法律问题的协调上。一旦遇到诸如财会信息理解方面的冲突，作为监管部门，要站在客观的角度，予以鉴定信息，以便为司法部门提供依据。有关这方面的任务，将随市场经济的日趋完善更加迫切。在财会监部门中设立法律监督分支机构，强化对财务管理人员的法律责任监督，是监管部门今后的重要任务之一。加强经济管理和财务管理，必然要加强会计管理，会计的基本职能是依法对经济活动进行记录、核算和监督，为经济管理和财务管理提供会计信息。因此，提高会计信息质量，确保会计数据真实完整，已成为加强财务管理基础环节。

（3）加强相关案例研究

案例需要由很多要素构成，案例是对一个真实情景的描述。真正的案例描述不是记录流水账，而只是对于非常典型的代表性的情景进行勾画。案例是人们特别关注的焦点处的陈述。当然要具体简洁交代其焦点产生的背景条件和原委。一个案例要显出冲突性、高潮性，必须有多处问题或者疑难问题的出现。这是案例本身意义所包含的潜在亮点处。案例既然是一个非常一般的故事，很多人都关注故事的结局是什么样子的，即有一个或者多个解决方法的记述。这个结局固然对人们不是很重要，人们完全可以凭借自己的理解去试图猜想解决的方法，但无论如何，故事本身的解决办法是局外人无法实现的，这样一来，它是可以起引发或者刺激出新的想法和行为的原型作用的，这也可能是把这样的故事叫作案例的重要原因。故而要进行抛砖引玉式的点缀。这种点缀应该只是客观地对事情真相进行中性描写，以免引起对故事本身的种种不利偏差。

（二）财务会计人员的素质要求

1. 财务会计人员的素质价值

（1）助力信息技术创新

技术创新的信息和动力源自市场，同时技术创新和产品开发面向市场。市场是企业技术创新的导向，这主要表现在企业以市场和消费者需求等信息为技术创新的主要信息来源。随着市场和消费者需求的变化，不断地更新产品和改进工艺技术，以市场决定技术创新的取舍。会计核算中的销售核算与采购核算可以给企业提供市场信息。就一个企业而言，通过销量可以知道，哪些产品市场需求量大，哪些产品市场需求量小。对整个国家而言，通过对各个企业销售资料的汇总分析，不仅可向各个企业提供国内市场信息，同时企业还可将本企业和其他企业同类产品销量、价格、成本、利润等进行对比，寻找差距，从而为企业提供市场信息，使企业能够更好地面对市场进行技术创新。科技的腾飞，为企业发展带来了更多机遇，同时，企业面临更多挑战，加大了企业经济风险，为此，新会计准则下，财务人员应该以自身的能力提高为基础，重点分析自身在财会管理过程中的不足，积极去学习与提高，进一步为企业财务管理的信息化建设，提供了动力和支持。此外，企业内部财务管理模式也需要完善，通过这样的方式，迎合新会计准则的各项要求，也进一步强化意识，从而不断促进企业财务实力提升。

（2）促进企业经济发展

强化会计个人素养不仅利于提高企业财会管理工作效率，还利于促进企业经济快速稳定发展。之所以这么说，是因为具有较高的个人素养的会计人员，能够尽快适应市场经济的新要求，不断完善自身知识、能力等方面，那么在会计工作中将全面且及时掌握企业资金动态、科学合理优化配置企业资金等，为企业管理者提供可行性建议，以便企业经营者及管理者共同制定市场决策，推动企业稳步发展。会计人员的个人素质对企业财会管理具有重要作用，优秀的人员素质能够保障企业财务的有效管理，有利于企业获得较多的利润。

2. 财务会计人员的素质要求

（1）职业道德

职业道德是指诚实、守信、谨慎、踏实。无论从事哪个行业，都需要工作人员具有良好的职业道德，那么在具体落实各项工作的过程中，才能端正态度、规范行为，按照工作要求良好地执行，降低犯错可能性。

会计职业道德是实现会计目标的重要保证，为会计信息使用者提供准确的会计信息数据，是会计的最终目标，也是会计工作的终极目标。但是如果这个过程没有一定的行为标准，会计从业者提供了虚假的会计信息，虚假的会计报表，使会计目标与实际情况背道而驰，影响了单位的决策，对单位造成了不利的影响。所以，以会计职业道德标准来规范会计从业人员，是实现会计目标的重要保证。社会在不断进步，各行各业的工作人员也要不断完善自我，提升工作水平。在会计工作中，会计职业道德是对会计人员最基本的行为规范，它不仅能够规范会计人员行为举止，同时也能够遏制消极因素的产生，一个具有高素质的会计人员，敢于向一切违纪行为说不，同时能够影响一些具有不良想法的人员。会计职业道德正是规范了会计人员的思想，使其树立正确的思想观念，时刻按照职业道德的标准来严格要求自己，最终规范会计行为，提升自我的职业道德素质。

（2）工作经验

对于企业来说，财会管理是非常重要的一个环节，能够影响到企业是否生存的关键。因此，企业经营者非常注重优化财会管理。会计人员作为财会管理中重要的执行者，其工作经验是否丰富，对财会管理效果有很大影响。因为良好地处理财会问题，提高财会工作的可信性和准确性，需要会计人员在工作中，无论面临何种情况，都能保有一颗平常心，将会计知识与实际情况相结合，处理财会问题，避免财务损失发生。当然，要想会计人员做到这一点，需要其具有多年的工作经验。所以，会计人员具有丰富的工作经验，利于财会管理工作。

作为会计素质的基础就是会计知识的掌握情况，尤其是现代社会的信息技术的掌握，会计专业知识以及与会计有关的一些知识，还有会计的报表，了解企业的经营和生产的各项规章制度及相关情况，同时还应该具有一定的文字表达能力和语言功底及涉及的一些外语知识和必要的外语沟通能力，这都是会计工作人员需要具备的基础知识，扩展的会计知识有与会计相关的一些财务知识，市场营销、财经金融、税务等，这就依据个人情况而定，看自己所在的企业的要求，不做过多的约束行为。

（3）学习能力

会计人员需要具有较强的学习能力和适应能力，尽快掌握会计电算化等先进技术，积极主动学习相关知识、操作方法等，以便灵活地、有效地应用先进技术处理财会工作。因此，在现代化的今天，会计人员还要具备较强的适应能力和学习能力，更好地适应财会工作，并注意不断完善知识结构，以便有效处理各项财会工作。

（4）创新能力

创新能力是指人们运用已有的基础知识和可以利用的材料，并掌握相关学科的前沿知识，产生某种新颖、独特的有社会价值或个人价值的思想、观点、方法和产品的能力。要培养具有创新意识、创新思维和创新技能的会计人才，需从理论创新、技术创新、制度创新、创新团队和创新学习等方面着手，各高等会计院校、会计主管部门、会计学会以及会计人员本身积极参与。在市场不断发展壮大的时候，各种信息的变化也非常快，这就需要会计人员具有洞察力，能够及时挖掘市场的新动态，并且依据企业的实际情况，做好调整，及时更改企业的会计工作信息，因为会计人员的职业判断能够影响企业管理者的决策，运用创新的思维，为企业的财务管理以及会计工作创造新的工作方法，这是会计工作人员需要坚守的会计职责道德。

（三）财务会计人员的培训管理

1. 财务会计人员的培训方略

（1）实施分层教学

培训之前应将企业和行政事业单位的会计人员分开进行继续教育，在此基础上企业再按规模和所执行的会计准则分为大中型企业和小企业，并按会计人员职务技术资格划分高级、中级和初级三个层次，分别安排继续教育的内容，并规定继续教育各层次应达到的能力要求。会计人员继续教育的目标应是树立会计人员正确的职业价值观，不断更新、补充、拓展和提高会计人员的职业知识和职业技能。这些既是各层次会计人员必须具备的最基本的能力要求，也是会计人员以此进行职业判断、更新和补充职业知识、拓展和提高职业技能的基本前提。但职业知识的更新和补充、职业技能的拓展和提高应根据不同层次的会计人员而定。高级会计人员继续教育的目标是突出提高职业判断、预测、决策、分析问题和解决问题等综合能力和水平；中级会计人员继续教育的目标是提高处理会计综合业务的能力；初级会计人员继续教育的目标是突出提高处理会计基本业务的能力。

继续教育的培训内容未充分考虑会计人员的层次，不同层次的会计人员培训内容往往相同，缺乏针对性。培训内容应根据会计改革的变化不断调整，并保证培训的及时性，让会计人员在最短的时间内掌握会计改革的最新内容。对不同层次、岗位、职位的会计人员确定不同的培训内容，例如，对于初级职称会计人员，应把培训重点放在对会计理论和新出台的会计准则和会计制度的理解和掌握上，并加强日常会计方法和技巧的交流探讨；对于中级职称会计人员，应重点放在会计制度的难点分析和财务管理等内容；对于高级职称会计人员应主要放在复合型知识结构的培养，不仅是对会计制度、会计准则有深刻的理解和把握，更要了解和掌握经济理论和管理理论等相关知识以及技能。

（2）创新教学模式

为调动会计人员的自学积极性，可积极探索开发网络课堂教学等现代化培训手段，也可充分发挥会计学会等职业团体或单位的组织作用，采取面授、组织案例研讨的形式。比如，将执行会计准则比较好的企业和比较差的企业分别做成案例，让学员总结这两类企业执行会计准则的状况，从中寻找成功的经验和失败的教训。采用面授方式的可组织学员现场讨论这两类企业的案例，采用网络课堂方式的可把这两类企业的案例做成单选题、多选题和判断题，让学员从中找出答案。使会计人员通过继续教育有所收获，更好地执行会计准则，并不断更新、补充、拓展和提高知识结构、综合素质和能力。

采取培训与自学相结合的教育方法，在重视培训的同时，充分调动会计人员的自学积极性，利用现代科技手段，通过网络录像等形式组织学习；充分发挥会计学会或单位的组织作用，通过组织研讨会等形式，加强学习交流；通过请进来和走出去的办法，取人之长，补己之短；学历教育与非学历教育相结合，鼓励会计人员参加专、本科及研究生学历学习，提升学历层次，提高综合素质。

2.财务会计人员的管理策略

（1）转变财务管理理念

作为企业管理人员，首先要从自我做起，抛弃传统的老旧观念束缚，勇于接受新事物和新方法；加强自身学习，以提高自身综合素质。不要只看到眼前经济利益而忽视了企业长足发展。对企业财务管理和资金风险防控要高度重视，创建一套完善的财务管理机制并严格执行，以充分发挥财务管理的经济作用，确保企业能够可持续发展。此外，还要想方设法营造好的企业氛围以吸引高素质的财务人才进入公司，为企业财务管理贡献力量。完善单位财务管理，一定要严格学习，不断更新观念，各级领导要严格建立依法理财的理念，不断提升完善财务管理体制，加强自觉性与紧迫感，将完善财务管理提升至反腐倡廉和强化作风建设的层面，将财务管理归入法制路线，将财务活动归入制度当中。

企业经营者要对财务管理工作有所重视，要以财务管理作为企业管理的中心。企业要把财务管理合理地运用到在生产经营中去，才能在激烈的市场竞争中站稳脚跟。在企业经营过程中发现企业应该加强财务管理理念，制定适合企业本身的财务管理制度，实现财务管理的价值。在实际工作中要做到财务管理精细化，就要在财务管理过程中不放过每一个细节，并将财务管理运用到企业各个方面中去，通过行使财务管理职能使企业获得长久的发展，充分利用财务管理的优势，使企业在经营活动中不断发展，实现企业经济效益不断攀升和实现企业价值最大化。

（2）提升企业融资能力

中小企业融资是指金融机构针对中小企业推出的定制化融资解决方案。它对中小企业自身结构特点中偿债能力不强、融资规模较小、财务规范性较差、缺少健全的企业治理机制等问题进行分析论证，从而得出中小企业抵御风险的能力一般较弱。

当前中小企业解决资金问题相对困难，这会影响企业的财务管理工作，也不利于企业未来发展。所以，企业为增强自身经济实力，应合理安排资金，优化资产组合，对外界树立良好的企业形象，以使自己的筹资方式更为多样化。在进行企业资金投资时，应选择那些低风险、时间短的项目，而尽量不要投资那些风险高、回收时间长的项目，以确保资金安全，实现资金的增值。顺利实现企业融资，就要从打造自身品牌和信誉入手，尽快树立企业良好形象。注重培养自主创新能力，提高企业核心竞争力和盈利能力。不同的企业有不同的发展情况，融资的情况各有不同。因此，一定要找到适合本企业解决企业融资问题的方法。以此来提升企业的融资能力，使企业在信息化发达的今天快速发展。企业主要的融资渠道有内源融资和外源融资，实现融资市场的创新，必须建立符合企业融资的小额资本交易市场和简单快捷的网络交易市场以及充分发挥二板市场。想要拓宽企业的渠道，应全面打开互联网金融运作模式，由互联网的相关机构进行融资前调查，由融资担保机构提供相应的证明和服务，一切准备完善后，双方签订合同，网络作为第三方借贷资金，同时负责融资后的跟踪服务，这一举措既能完善金融市场又能减少资源的浪费，减少了融资的环节，降低了成本，保障融资资金的安全。

（3）重视专业人才培养

企业财务管理离不开专业的财务人员，因此，中小企业想要提高内部财务管理水平就必须对企业财务人员引起足够重视，在招聘财务人员时要尽量多方面、多层次考察测试，以招聘到素质高、专业能力强的员工。要有一套严格的考核制度以便对财务人员工作进行考核监督，并将考核结果与企业奖惩结合起来，以提高财务人员工作积极性和主动性。应加大对财务人员的培训力度，定期组织员工培训或集中学习，以提高财务人员的专业水平，树立起现代财务管理理念。营造好的工作氛围以使员工的归属感、安全感增强，促使员工能够自觉遵守职业准则，认真按照相关法律法规办事，有效安排企业资金和资产，使企业获得更多经济收益。

财务转型的作用就是要把更能创造价值的活动从原来的财务部门分离出来，在增强企业管控能力的同时，明确财务在企业价值创造中的定位，为创造企业价值服务。价值创造要求企业财务人才推进以价值最大化为指导原则的资源配置与决策，对经营活动进行准确的衡量和及时的监控。为培养以价值创造为核心的企业财务管理能力，企业财务管理团队要深入参与企业的重大经济活动。同时，财务人才要在夯实原来财务会计基础工作的同时，把重点转移到决策支持、预算预测、资金统筹、财务筹划、税务筹划、控制评价等方面来，努力实现价值创造目标。转型后的财务人才是企业核心管理层的有机组成部分，其作用在于为战略、经营决策提供重要的信息和分析，从而支持公司的价值创造活动。企业的目标是实现价值最大化，而目标的实现需要落实到具体的业务层面。为此，财务转型后，财务人员需要精通业务，把财务体系与整个业务流程紧密地结合起来。通过制度和流程，把产品的定价和成本核算都落实给财务，就可以确保每一份订单都能清楚地计算出成本和利润。转型后财务人才工作的重点，应从过去主要为企业外部利益相关者服务，转变为主要为企业内部管理者提供决策支持服务，也就是把管理会计在业务层面的运用植入公司的议事日程，使企业集团的管控工作落实到业务层面，使企业的财经体系真正参与到经营过程中。

（4）重视时代特征要求

财务管理是一个综合学科，涉及经济学内容、管理学内容以及会计学内容，财务管理学的任务在于剖析财务管理工作中的规定性，研究财务管理工作实践活动的一般规律，说白了就是财务管理是什么以及如何进行财务管理。财务管理体系的构建充分遵循由简单到复杂、由抽象到具体的规律，但是财务管理理论的研究方法并不遵循这一规律，而是遵循由复杂到简单、由具体到抽象的过程。财务管理理论研究的起点与终点正好是财务管理工作体系架构的终点和起点，这两者从研究的切入点和过程看，在逻辑上正好互为相反过程。财务管理应用理论主要职能是指导人们财务管理的方法，所以，财务管理应用理论必须具备充分的可操作性和实践性。

在大数据时代下，数据的价值得到了更为充分的挖掘，以数据技术为代表的信息也对各行各业发展产生了明显影响。创新成为当代社会发展主旋律下，企业经营发展中也需要积极进行各种形式的创新尝试，财务管理本身作为企业管理的重要组成，其更加要与时俱进进行管理形式与管理内容的创新。特别是在很多企业财务管理模式陈旧、方法单一下，进行财务管理创新的紧迫感也十分明显。尽管很多企业在内部控制建设进程中都在进行财务管理的不断加强，但其财务管理创新程度较为低下，很多企业的财务管理创新状况更是差强人意。越来越多的企业虽然认识到了进行财务管理变革和创新的重要意义，但缺乏具体的财务创新策略与方法，其财务管理创新也迟迟无法取得突破。市场经济下，企业等组织的生存发展压力逐渐增加，借助管理创新带动整体创新更加成为一种发展上的新选择。大数据时代已经为企业财务管理创新提供了新的方向和选择，探寻出这一时期下企业财务管理创新的一般策略也十分必要。

参考文献

[1] 师修繁 . 财务会计 [M]. 上海：立信会计出版社，2017.

[2] 谭湘 . 财务会计 [M]. 广州：中山大学出版社，2017.

[3] 王超，赵素宁，李海顺 . 财务会计 [M]. 西安：西安交通大学出版社，2017.

[4] 张梅菊，邱锐，赵蕾 . 财务会计 [M]. 长沙：湖南师范大学出版社，2017.

[5] 夏迎峰 . 财务会计 [M]. 北京：中国轻工业出版社，2017.

[6] 黄东坡，李敏 . 财务会计 [M]. 郑州：黄河水利出版社，2017.

[7] 盛强，黄世洁 . 财务会计 [M]. 北京：北京理工大学出版社，2017.

[8] 吴育湘，杜敏，安宝强 . 财务会计 [M]. 北京：北京理工大学出版社，2017.

[9] 孙自强，陈静，张荣静 . 财务会计 [M]. 郑州：河南科学技术出版社，2017.

[10] 孙合珍，黄铁梅 . 中级财务会计 [M]. 上海：上海交通大学出版社，2017.

[11] 李桂荣 . 中级财务会计（第4版）[M]. 北京：对外经济贸易大学出版社，2018.

[12] 魏朱宝 . 高级财务会计 [M]. 合肥：安徽大学出版社，2018.

[13] 蔡维灿，林克明 . 中级财务会计实务 [M]. 北京：北京理工大学出版社，2018.

[14] 王竹泉，王苤，高芳 . 高级财务会计 [M]. 沈阳：东北财经大学出版社，2018.

[15] 李荣梅，郭锦华，郝桂岩 . 高级财务会计 [M]. 上海：立信会计出版

社，2018.

[16] 郭莉莉，邸砧，倪晓丹 . 财务会计学 [M]. 北京：北京理工大学出版社，2018.

[17] 江金锁 . 中级财务会计（第 2 版）[M]. 上海：立信会计出版社，2018.

[18] 徐文丽，章毓育 . 高级财务会计（第 4 版）[M]. 上海：立信会计出版社，2018.

[19] 张焕平，李茂华 . 中级财务会计 [M]. 上海：立信会计出版社，2018.

[20] 黄延霞 . 财务会计管理研究 [M]. 北京：经济日报出版社，2018.

[21] 刘俊勇 . 管理会计 [M]. 沈阳：东北财经大学出版社，2019.

[22] 刘晓峰，崔琳 . 管理会计 [M]. 北京：原子能出版社，2019.

[23] 孙毅 . 管理会计 [M]. 上海：中国财富出版社，2019.

[24] 徐伟丽 . 管理会计 [M]. 上海：立信会计出版社，2019.

[25] 刘萍，于树彬，洪富艳 . 管理会计 [M]. 沈阳：东北财经大学出版社，2019.

[26] 张晓雁，秦国华 . 管理会计 [M]. 厦门：厦门大学出版社，2019.

[27] 朱红波，叶维璇 . 管理会计 [M]. 北京：北京理工大学出版社，2019.

[28] 王桂华，李玉华 . 管理会计 [M]. 北京：北京理工大学出版社，2019.

[29] 吴朋涛，王子烨，王周 . 会计教育与财务管理 [M]. 长春：吉林人民出版社，2019.

[30] 朱琦，南玮玮，李勤 . 成本管理会计 [M]. 北京：北京理工大学出版社，2019.